つながりで学ぶ
建築設備

近藤武士

田中英紀

原 英嗣

関根雅文

原 耕一朗

鈴木利幸

中村祐介

森山修治

彰国社

装丁:榮元正博
組版:海汐亮太

はじめに

　本書は、これから建築設備を学ぶ者のための入門書であり、大学、高等専門学校、専修学校、職業高等学校で、建築学や住居環境学を学ぶ者、建築業にかかわる者で建築設備の概略を知ろうとする者あるいは、これからくわしく知ろうとする者などの教科書・参考書・専門書としての活用を想定した書である。

　本書の特徴は、①戸建て住宅、②事務所ビル、③集合住宅という代表的な3つの建物種別を事例に取り上げて、住宅系と非住宅系の建物で必要となる建築設備のつながりや建築的な納まりについて、具体的に解説をしている点である。

　私たちが生活の中で日々接する身近な機器が、どのような役割を担い、各建物の壁や天井・床の裏側で、どのように、何とつながっているかを感覚的に理解できるよう工夫をほどこしている。本書を読み進めることによって、日ごろは目にすることが少ない建物の裏側と、建築設備を含む建物の機能について理解を深めることができるであろう。

　また、①戸建て住宅、②事務所ビル、③集合住宅の3つの建物種別に分類して章立てされているため、知識を得たい建物の設備について、直接的にアクセスできる点も本書の利点である。

　本書は、建物用途ごとに章立てられた見開き頁により、その建物用途で広く用いられている設備の方式を示すとともに、例えば電気や給排水、空調などの設備種別に応じて、そのつながりが解説されている。また、そのあとには代表例として示された設備のほかに、どのような代替方式や機器があるのか、事例を示しながら解説している。

　各頁に注釈の欄を設け、用語の詳細解説や設備機器のイラスト、実際の据え付け状況の写真などを挿入し、本文解説の理解をより深めるための工夫を凝らしている。

I 総論	001
1　建築設備とその役割	002
2　建築物とインフラストラクチャー	004
3　建築物と地球環境	008
II 戸建て住宅の設備	013
1　戸建て住宅の設備の概要	014
1.1　戸建て住宅の建築設備の概要	014
2　戸建て住宅の給排水・衛生設備	016
2.1　給排水・衛生設備のつながりと構成	016
2.2　給排水・衛生設備の機器	018
3　戸建て住宅の冷暖房設備	024
3.1　冷暖房設備のつながりと構成	024
3.2　冷暖房設備方式と種類	027
4　戸建て住宅の換気設備	030
4.1　換気設備のつながりと構成	030
4.2　換気設備の構成機器	032
4.3　換気方式と換気扇の種類	033
5　戸建て住宅の電気設備	036
5.1　電気設備のつながりと構成	036
5.2　電気設備の種類とはたらき	038
6　戸建て住宅の防災・防犯設備	048
6.1　防災設備	048
6.2　防犯設備	049
7　戸建て住宅の省エネルギー・環境技術	050
III 事務所ビルの設備	057
1　事務所ビルの設備の概要	058
1.1　事務所ビルの設備の概要	058
2　事務所ビルの給排水・衛生設備	060
2.1　給排水・衛生設備のつながりと構成	060
2.2　給排水・衛生設備の構成機器	062
2.3　給排水・衛生設備の方式と種類	070
3　事務所ビルの空調・換気設備	078
3.1　空調・換気設備のつながりと構成	078
3.2　空調・換気設備の機器	082
3.3　空調方式の分類	093
4　事務所ビルの電気設備	104
4.1　電気設備のつながりと構成	104
4.2　電源設備	106
4.3　配電設備	111

	4.4	照明設備………………………………………………	113
	4.5	通信・情報設備……………………………………	116
	4.6	雷保護接地設備……………………………………	121
	4.7	搬送設備……………………………………………	125

5　事務所ビルの防災設備 ……………………………………… **128**
　　5.1　防災設備のつながりと構成………………………………… 128
　　5.2　火災の概要…………………………………………………… 129
　　5.3　排煙設備の種類と機器……………………………………… 131
　　5.4　消火設備の種類と構成……………………………………… 133
　　5.5　発見・通報設備……………………………………………… 138
　　5.6　避難用の照明設備…………………………………………… 140
　　5.7　予備電源・非常電源………………………………………… 141

6　事務所ビルの省エネルギー・環境技術 …………………… **142**

7　事務所ビルの設備スペース ………………………………… **150**
　　7.1　空調・衛生設備……………………………………………… 150
　　7.2　電気設備……………………………………………………… 152

IV　集合住宅の設備 ……………………………………………………… 155

1　集合住宅の設備の概要 ……………………………………… **156**
　　1.1　集合住宅の建築設備の概要………………………………… 156

2　集合住宅の給排水・衛生設備 ……………………………… **158**
　　2.1　給排水・衛生設備のつながりと構成……………………… 158
　　2.2　給排水・衛生設備の機器…………………………………… 160
　　2.3　給排水・衛生設備方式の種類……………………………… 165

3　集合住宅の空調・換気設備 ………………………………… **170**
　　3.1　空調・換気設備のつながりと構成………………………… 170
　　3.2　空調・換気設備の機器……………………………………… 172
　　3.3　空調・換気設備方式の種類………………………………… 177

4　集合住宅の電気設備 ………………………………………… **182**
　　4.1　電気設備のつながりと構成………………………………… 182
　　4.2　電気設備……………………………………………………… 184

5　集合住宅の防災設備 ………………………………………… **194**
　　5.1　防災設備のつながりと構成………………………………… 194
　　5.2　集合住宅の防災の概要……………………………………… 196
　　5.3　防災設備の種類と機器……………………………………… 200

6　集合住宅の省エネルギー・環境技術 ……………………… **202**

7　集合住宅の設備スペース …………………………………… **204**
　　7.1　専有部の住戸部分の設備スペース………………………… 204
　　7.2　基幹設備のスペース………………………………………… 205

　　　　写真・図版のクレジット ………………………………………… 207

I

総論

1 建築設備とその役割

(1) 建築設備の役割

建築設備の役割を考える前に、まず人のくらしと建築物の関係を考えてみよう。建物は、室内と屋外の環境的なフィルターの役割を持っている。また、建物の屋根・壁・窓・床などの建築外皮が太陽光や風雨などの気象や外部騒音を妨げることで、屋外よりも良好な環境を与え、ときには地震・台風などの天災や犯罪などから身を守る、シェルターの役割を担う（図1.1）。

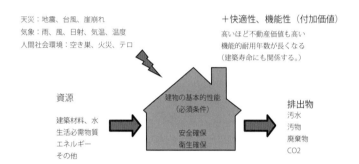

図 1.1　建物に求められる基本的性能

人が建築物を利用する際には、「安全」と「衛生」の確保が必須条件となる。よって、建物には、耐震性など人命を守るための建物強度に加え、室内での生活において人の健康を害さないために、空気質や温湿度の調整、汚物の速やかな排出などの機能が必要となる。この目的に対して設けられるのが、換気設備や空調設備、給排水設備である。また、特に多数の人が利用する建物で火災が生じた場合は、人命の確保と被害を最小化するために消火や排煙、避難誘導などに係わる防災設備が活躍する。

このように、建物内での日々の生活において人が快適に過ごし、職場では健康を維持しながら生産性を上げるために、さまざまな建築設備がかかわっており、その主なものは空調設備や照明設備、情報通信設備、給湯設備などである。また、これらの設備のほとんどは、駆動源として電源やガスなどを必要とするため、電気設備やガス設備も備える必要がある。

さて、人が建物を利用する際には、水やエネルギーの他、多様な生活必需物質を消費する。これらの消費の後に排出されるのは、汚水や二酸化炭素をはじめとしたさまざまな廃棄物であるので、地球環境保全のためには、この最小化が課題となる。

また、建築物の高機能化や快適性を向上させて付加価値を与え、建物の資産価値を高めることも建物の社会的価値を長く維持するため、つまり建物長寿命化のためには重要であり、この目的に対しても建築設備の担う役割は大きい。

(2) 建築設備の分類

建築設備は、健康で快適な生活を支えるうえで不可欠な存在である。例えば、炊事・洗濯・洗面・入浴などに必要な水を、必要な場所で必要な量を提供する"給水設備"、建物から汚物や生活排水を速やかに排出するための"排水設備"、室内空気の汚染や臭気の充満・停滞を防ぎ、良好な空気質環境を提供する"換気設備"、建物内での熱中症対策や寒さによる健康被害を防ぐため、あるいは室内で快適に過ごすため室内温熱環境を維持する"空調設備"、建物内での作業のしやすさや移動の安全性などを確保する"照明設備"、火災、地震などの際の早期知覚や迅速な避難を支援する"防災設備"、犯罪から財産や身を守るための"防犯設備"などがある。

建築設備は、給排水・衛生設備、空気調和設備、電気設備、防災設備に大別され、これらは例えば表 1.1 のようにさらに細かく分類することができる。

表 1.1 建築設備の分類表

建築設備の分類	建築設備の細分類
給排水・衛生設備	・給水設備 ・給湯設備 ・ガス設備 ・排水・通気設備 ・衛生設備
空気調和設備	・空調設備 ・熱源設備 ・換気設備
電気設備	・受変電設備 ・配電設備 ・照明・コンセント設備 ・通信・情報設備 ・防犯設備 ・搬送設備 など
防災設備	・消火設備 ・排煙設備 ・自動火災報知設備 など

(3) パッシブデザイン・アクティブデザイン

建築設備計画においては、まずは建築的な工夫を十分に凝らして機械設備への依存度を極力抑え（パッシブデザイン）、必要な部分を機械設備（アクティブデザイン）に委ねて組み合わせ、両者を連携させることが重要である。

図 1.2 に空調設備に見るパッシブ／アクティブデザイン手法の概念を示す。外気の変動に伴って、室内が冬期に寒く、夏期に暑くなるところを、例えば、冬は建物南面の窓を大きくとって日射を取り入れるとともに高断熱化や建物躯体の蓄熱効果を利用して、その熱を大切に使う。夏は庇などによる日射遮蔽や窓配置の工夫によって自然通風を促進するなど、建築的工夫によって冷暖房依存度を抑制する計画がパッシブデザインの例である。

あるいは防災設備であれば、耐火構造の採用や避難バルコニーを計画するなどはパッシブデザイン、火災報知機やスプリンクラーの採用などはアクティブデザインである。

最近は、省エネルギーや災害時の観点から、パッシブデザインが見直されている。

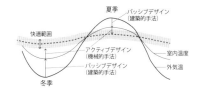

図 1.2 空調設備に見るパッシブ／アクティブデザインの役割

2 建築物とインフラストラクチャー

(1) 給排水の水の流れ

　建物内の給水設備の蛇口をひねると水が出るが、これはどこから、どのような処理を経てたどり着くのだろうか。図2.1のように、山間部で降った雨をダムなどでせき止めた貯水池、あるいは河川等を水源として取水し、これを浄水所まで導水したあと浄水処理を行う。浄水処理を経た水は、送水設備（送水ポンプ等）で水道管を通じて配水され、各使用施設まで運ばれて、建物施設内の給水設備によって、使用者まで届けられる。

　水道には、上水、中水（雑用水）、下水の3種がある。住生活用水のほとんどが上水（飲用可能な水）を利用しており、水道事業により供給される。中水は、トイレ洗浄水、冷却・冷房用水、散水などの用途に利用され、水道水と比較して水質の低い水の総称である。

　上水を供給するための水道施設には、上水を利用する建物が必要とする水量、適切な水圧、上水としての水質が求められる。そのため、浄水処理では、水源からの原水に対して浮遊物除去、沈砂、沈殿、ろ過、薬液注入（消毒）などを行って浄化する。

　浄化された上水は、配水池で水の使用量に応じて水量を調整したうえで、配水ポンプにより適切な圧力で水道本管に送られる。配水する距離が長い場合、高低差が大きい場合などは、適正な圧力で配水するために、途中にポンプ場を設け、排水ポンプで水圧を上げる。

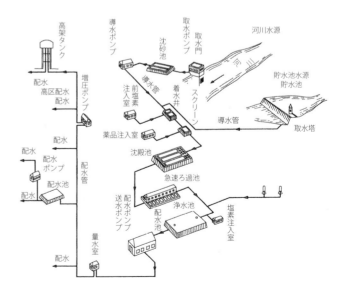

図 2.1　水が建物にたどり着くまで

建物から排水される汚水や雨水は、図2.2のように公共下水道等に流れ込み水処理施設を経て河川などの公共水域に放流される。水処理施設では、下水処理施設においては一次処理（最初沈殿池で沈殿・浮上による汚濁物処理）、二次処理（エアレーションによる酸素供給を行いつつ、微生物を用いた有機物除去）を行い、最終沈殿池で微生物をともなう汚泥を沈殿させ、上層の水を放流する。

　また、下水処理施設で排出される汚泥は、汚泥処理施設に送られ、濃縮・脱水されたあとに焼却される。

　現在は、下水処理排水や汚泥のリサイクル活用が行われている。下水処理水を川などに放流せず、さらに高度な処理をして再生水とし、トイレ洗浄水や噴水の水として再利用している。また、下水汚泥を燃やした後に残る灰の中からリンを取り出して畑肥料の原料としたり、下水汚泥を低い温度で焼いて炭にし、燃料として活用したりしている。

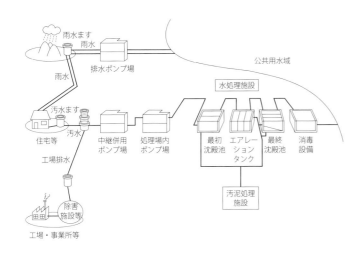

図2.2　排水が公共水域に放流されるまで

　このように、上水・下水の処理施設は都市設備、建物内の給水設備や水を使用する各機器は、建築設備となる。

(2) 電気の供給

　電気の源である電源は、火力発電、水力発電[1]、原子力発電、地熱発電などにより確保される。火力発電では、燃料を燃やして蒸気をつくり、蒸気タービンを回転させて電力を発生させる。発電に使用した蒸気は復水器[2]で冷やして水に戻し、再加熱して蒸気にすることをくり返す。この復水器の冷却には大量の冷却水が必要となるため、火力発電所は比較的海に近い場所に設置されている。また、火力発電の燃料には、石油、石炭、天然ガスなどが使用されており、天然ガスの依存度がもっとも高い。

1) 水力発電
貯水池式：河川の水流をダムでせき止め、ダムに溜まった水を利用する方式。
調整池式：河川水を調整池に溜めて発電する方式。短期的な発電量調整に用いる。
揚水式：発電所の上部と下部に大きな調整池をつくり、電力供給に余裕のある夜間帯に水を汲み上げ、昼間帯にその水を利用して発電する方式。
流れ込み式（自流式）：河川の水の流れを利用する発電方式。水車のイメージ。

2) 復水器
ボイラーで蒸気を発生させるときに必要となる水は、タービンを経由した蒸気を循環させて供給する。タービンを経由した蒸気を再び液化させるため、復水器で冷却が必要となる。

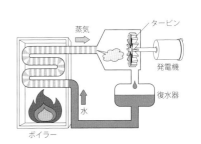

水力発電は、水が高所から低地に落ちる高速・高圧の水の流れで水車を回して発電する。原子力発電は、火力発電のボイラーを原子炉に置き換えたもので、ウランを核分裂させて熱エネルギーを得て水を沸かし、蒸気タービンを回転させて電気を発生させる。

種々の発電所から供給された電力は、図2.4のように変電所を介して超高圧から高圧、中圧、低圧へと電圧を調整され、おのおのの供給先(需要先)へ送電される。

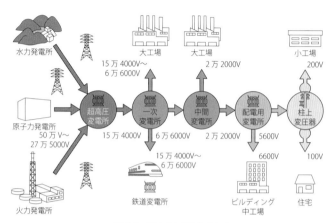

図2.3 電力がたどり着くまで

日本の電源構成は、図2.5のように、かつては水力発電が主流であったが、日本の高度経済成長時代に対応すべく大型の石油火力の電源開発が進められた。その後は、2度の石油危機[3]の経験を背景に、石油依存からの脱却が図られ、原子力発電と天然ガス火力の依存度が高められた。

2011年3月の東日本大震災により福島原子力発電所が被災し、原子力発電所の安全性確認のために、国内の原子力発電所は一時すべて停止した。その代替として、火力発電への依存度は再び高まることになった。

3) 石油危機
オイルショックとも呼ばれ、第1次は1973年に、第2次は1979年に始まった。原油供給の逼迫による原油価格高騰が原因で起こった、世界的な経済混乱である。

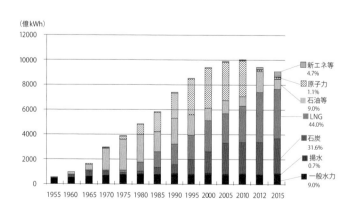

図2.4 日本における電源構成の変遷
(資源エネルギー庁の資料をもとに作成)

電気の種類[4]は、「直流」と「交流」があり、発電所から送電される電力は交流である。交流は、直流に比べて電圧の変換や遮断が容易などの利点があるため、送電・配電網に利用されている。交流は、＋極と－極が入れ替わる波形として送電される。この波形が1秒間に入れ替わる回数を周波数といい、東日本で50回/s（50Hz）、西日本で60回/s（60Hz）が採用されている。

電力は、かつて10の電力会社が地域ごとに供給をしてきたが、電力小売自由化が2000年3月から「特別高圧」区分で始まり、2016年4月には「低圧」区分まで拡大して、個々の家庭でも契約する電力会社を自由に選べるようになった。また、2020年4月からは、各地の10の電力会社の発電部門と送電部門を切り離す「発送電分離」の実施が予定されている。

(3) ガス・燃料の供給

ガスは都市ガスとLPG[5]に大別され、都市ガスの種類は比重、発熱量、燃焼速度の違いから13A、12A、6A、5C、L1、L2、L3の7種のガスに分類される。

都市ガスの主成分は天然ガス[6]であり、これは超低温（－160℃程度）に保たれた液化天然ガス（LNG）[7]の状態で、産油国からタンカーで海上輸送される。

輸入されたLNGは、図2.5のように地下タンクに貯蔵され、都市ガス供給の場合は、需要に応じて気化をして、高圧・中圧・低圧に減圧されながら需要家に送られる。一般家庭などの小規模な需要家には低圧でガス供給されるが、災害時にも安定的にガス供給を必要とする需要家（病院や工場など）で中圧供給を選択する場合がある。

LPGは常温で簡単に液化でき、液化により体積を気化時の約1/250にできるため、需要家にはガスボンベに詰めて届けられる。都市ガスは空気より軽いが、LPGガスは空気より重い性質を持っている。

4) 電気の種類
日常でよく使われる乾電池やリチウムイオン電池の出力は「直流」であり、＋極と－極が一定で電気の流れの方向が決まっている。これに対しコンセントで使用される電気は「交流」で、＋極と－極が入れ替わる。
パソコンをはじめとする電子通信機器は直流で動作するため、機器内部で交流から直流に変換されている。また、太陽電池による発電は直流であるが、建物内で使用するため、交流に変換されている。

5) LPG：Liquefied Petroleum Gas
LPGの主な原料は液化石油ガスであり、ブタンやプロパンが主成分である。

6) 天然ガス
天然に産出する炭化水素ガスで、一般にメタンやエタンなどの軽い炭素化合物を多く含んでいる。

7) LNG：Liquefied Natural Gas
超低温で輸送されるLNGの冷熱は、冷凍・冷蔵など、さまざまな方法で再利用される。LNGを用いた冷熱発電設備も稼働しており、この基本的な仕組みは、ガスを気化させたときの膨張過程でタービンを駆動させて発電するものである。

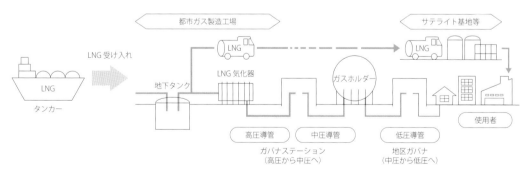

図2.5　都市ガスが建物にたどり着くまで

3 建築物と地球環境

(1) エネルギー消費と地球温暖化

われわれのくらしを通じて使用されるエネルギーの多くは、化石燃料により賄われている。人々がより便利で快適な暮らしを実現するにつれ、エネルギー使用量は増加し、この使用に伴う二酸化炭素排出が地球全体の気候変動の要因となっている。

地球温暖化[1]の原因となる温室効果ガス[2]にはさまざまのものがあるが、特にエネルギー消費に起因した二酸化炭素排出の寄与度がもっとも高いとされている。図3.1のように、日本の温室効果ガス排出構成比は、二酸化炭素が9割以上を占めており、この排出要因は化石燃料の消費に起因するため、日本の地球温暖化防止対策は、エネルギー消費量の削減を主眼にすべきことがわかる。

日本の二酸化炭素排出量に占める建設分野の割合は4割余りと試算されており、図3.2のように建物の運用段階が占める割合が大きい。したがって、建築設備をはじめ建設分野に携わる者はこの事実を認識し、二酸化炭素排出を低減する方策に常に意識を払いながら、社会的役割を果たしていく責務を担っている。

1) 地球温暖化

地球温暖化のメカニズムは、地球を覆う温暖化ガスの層が厚さを増すことで、地球が温室に閉じ込められたと同様の状態となり、地表付近の気温が上昇する現象である。
世界気象機関(WMO)は2015年の世界の年平均二酸化炭素濃度が初めて400ppmに到達したことを発表した。
地球温暖化による地表面温度の上昇により、海・河川・地表などからの蒸発量が増加して大気中の水蒸気量が増え、さらに温暖化を加速させる悪循環となる。

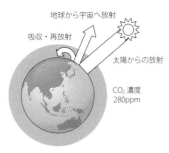

2) 温室効果ガス

温室効果に対して特に大きな影響を及ぼしているものとして、二酸化炭素、メタン、亜酸化窒素、HFC、PFC、六フッ化硫黄の6種のガスを指定し、その削減目標を定めている。

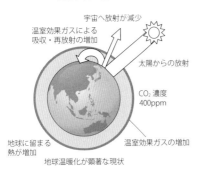

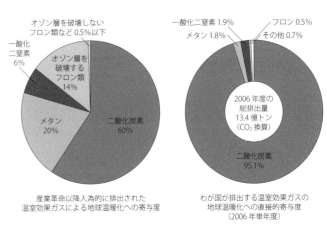

図3.1　温室効果ガスの地球温暖化への寄与度

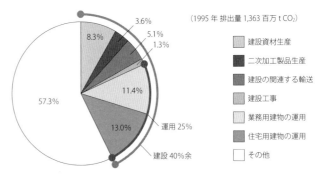

図3.2　日本の二酸化炭素排出量に占める建設分野の割合

(2) 建物と建築設備の耐用年数

建築物の長寿命化によって、建物が建設されてから廃棄に至るまでの環境負荷が低減できる。これまで建築物の寿命は、一般には鉄筋コンクリート造で60～100年、木造建築で約30～40年程度といわれてきた。これに対し、建築設備の耐用年数は15～20年程度であるため、建築計画の際には設備更新を前提とした計画が重要であることがわかる。

この考え方を反映した代表的な設計概念が、SI（スケルトン・インフィル：Skeleton Infill）である。スケルトンとは主に構造体などの建物の骨格をなす長寿命部分であり、インフィルは設備や内装などの短いサイクルで更新される部分である。これらを分離して計画し、容易にインフィルの更新ができる仕組みをつくり、建物の長寿命化に備える考え方である。

(3) 建築設備に関連する法規・制度

建築設備に関連する法規や制度について、主要なものを以下に概説する。

1) 建築基準法

国民の生命、健康、財産の保護を目的として、建築物の敷地、構造、設備、用途に対する最低の基準を定めた法律である。本法で定義される建築設備とは、建築物に設ける電気、ガス、給水、排水、換気、暖房、冷房、消火、排煙もしくは汚物処理の設備または煙突、昇降機もしくは避雷設備をいう。

2) 消防法

火災を予防、警戒および鎮圧し、国民の生命と財産を火災から保護するとともに、火災または地震等の災害による被害を軽減することで、安寧秩序を保持し、社会公共の福祉の増進に資することを目的とした法律である。一般的に消火器などの消火設備、自動火災報知設備などの警報設備、避難はしごなどの避難設備といった消防用設備について規定している。

3) 労働安全衛生法

職場における労働者の安全と健康を確保するとともに、快適な職場環境の形成を促進することを目的とした法律であり、換気量、採光照明、作業種別照度および男女別便所と執務者に応じた衛生器具数などを規定している。

4) 建築物衛生法

「建築物における衛生的環境の確保に関する法律（略称：建築物衛生法）」は、建築物居住者の「安全で健康的な空気環境」に対する実質的な条件を示した法律であり、ビル管法などとも呼ばれる。空気中の浮遊粉塵量、一酸化炭素・二酸化炭素ガスの含有量、室内温湿度、室内気流速度、ホルムアルデヒド濃度の7項目を基準等が制定されている（表3.1）。

表 3.1　建築物衛生法の基準

浮遊粉じんの量	空気 1m³ につき 0.15mg 以下
一酸化炭素の含有率	10ppm 以下（厚生労働省で定める特別の事情がある建築物にあっては、厚生労働省令で定める数値）
二酸化炭素ガスの含有率	1000ppm 以下
温度	1) 17 ～ 28℃ 2) 居室における温度を外気の温度より低くする場合は、その差を著しくしないこと
相対湿度	40 ～ 70%
気流	0.5m/s 以下
ホルムアルデヒドの量	空気 1m³ につき 0.1mg 以下

（平成 14 年 10 月 11 日政令第 309 号）

5) 省エネルギー法と建築物省エネ法

「エネルギーの使用の合理化に関する法律（略称：省エネルギー法）」は、工場等（工場または事務所その他の事業場）、輸送、住宅・建築物、機械器具等（エネルギー消費機器等または熱損失防止建築材料）の 4 つの事業分野に対して、エネルギーの使用の合理化と電気の需要の平準化を図るための措置について定めた法律である。この省エネルギー法で従前措置されていた 300 ㎡ 以上の建築物の新築等の「省エネ措置の届出」や住宅事業建築主が新築する一戸建て住宅に対する「住宅トップランナー制度」等の措置が、「建築物のエネルギー消費性能の向上に関する法律（通称：建築物省エネ法）」に移行された。

建築物省エネ法では、対象建物の設計仕様で算定した設計一次エネルギー消費量が、基準一次エネルギー消費量以下となることを基本としている。一次エネルギー消費量は、「空調設備」「機械換気設備」「照明設備」「給湯設備」「昇降機」「OA 機器等」のエネルギー消費量を合計して算出し、太陽光発電設備等によるエネルギー削減量を差し引いて評価する。

特定建築物（非住宅部分の床面積が 2,000 ㎡ 以上）の新築では、エネルギー消費性能基準に適合させる義務が課され、床面積が 300 ㎡ 以上の新築、増改築では、住宅・非住宅とも届出が必要となる。エネルギー消費性能基準は BEI [3] で評価し、表 3.2 の基準値以下となれば適合とみなされる。

また、建物外皮性能の評価方法においては、非住宅で PAL*（パル・スター）[4]、および BPI [5]、住宅で U_A 値、η_{AC} 値 [6] が採用され、基準値が定められている。パリ協定 [7] の発効を受けて、日本の省エネルギー政策は、これまでにも増して強力に推進されている。

表 3.2　エネルギー消費性能基準

一次エネルギー基準	平成 28 年 4 月 1 日以降に新築された建築物	平成 28 年 4 月 1 日時点で現に存する建築物
BEI	1.0 以下	1.1 以下

3) BEI
Building Energy Index の略。BEI ＝設計一次エネルギー消費量／基準一次エネルギー消費量

4) PAL*
新年間熱負荷係数（新 Perimeter Annual Load）の略。年間を通じた、建物の外周部（ペリメータ：外壁から内側 5m までの室内空間）に外壁・屋根・窓などを通じて室外からから出入りする熱を、夏は冷房に必要となる熱量、冬は暖房に必要となる熱量として年間で積算（年間熱負荷という）し、これをペリメータ床面積で除した値。

5) BPI
Building PAL* Index の略。BPI ＝年間熱負荷係数（設計値）／年間熱負荷係数（基準値）。

6) U_A 値、η_{AC} 値
U_A 値：外皮平均熱貫流率＝単位温度差当たりの外皮熱損失量 q／外皮の部位の面積合計 ΣA。
η_{AC} 値：冷房期の平均日射熱取得率＝単位日射強度当たりの冷房期の日射熱取得量 m_C／外皮の部位の面積合計 ΣA。

7) パリ協定
パリにて開催された第 21 回気候変動枠組約締約国会議（COP21）で採択された、気候変動抑制に関する多国間の国際的な協定。2016 年 11 月に発効。
日本は、省エネルギーや脱 CO_2 エネルギーへの転換により「2030 年度までに、2013 年度比で、温室効果ガスの排出を 26% 削減」の目標を掲げている。この達成のため、建築分野に直結する民生部門（家庭・業務その他の部門）のエネルギー消費は 40% 削減が目標とされている。

6) BELS

建築物のエネルギー消費性能の見える化を行い、省エネルギー性に優れた建築物が市場で適切に評価され、選ばれるような環境整備等を図れるよう「建築物のエネルギー消費性能の表示に関する指針」が告示として定められ、この中でBELS(Building-Housing Energy-efficiency Labeling System)という建築物省エネルギー性能表示制度が位置づけられた。評価結果は評価書の交付と、希望に応じてBELSプレート(図3.3)等を建物に表示することも可能となっている(表3.3)。

表3.3 BELSの評価

評価		住宅	非住宅1	非住宅2
☆☆☆☆☆		0.8	0.6	0.7
☆☆☆☆		0.85	0.7	0.75
☆☆☆	誘導基準	0.9	0.8	0.8
☆☆	省エネ基準	1.0	1.0	1.0
☆	既存住宅・建築物のみ	1.1	1.1	1.1

非住宅1:事務所・学校・工場等　非住宅2:ホテル・病院・百貨店・飲食店・集会所等

非住宅・複合建築物用

7) ZEB/ZEH

ZEB/ZEH(ネット・ゼロ・エネルギー・ビル/ネット・ゼロ・エネルギー・ハウス)とは、建物をさまざまな省エネルギー技術によってできる限りのエネルギー削減を図るとともに、消費したエネルギーについては太陽光発電などの再生可能エネルギー利用により相殺して、年間のエネルギー収支ゼロをめざすものである。

BELSでは、一次エネルギー消費量水準によりZEB/ZEHに関する表示基準を定めており、非住宅建物のZEB[8]は建築物省エネ法で述べた基準一次エネルギー消費量から50%以上削減していれば「ZEB Ready」、さらに再生可能エネルギー加えた数値で基準一次エネルギー消費量から75%以上100%未満削減していれば「Nearly ZEB」、100%以上削減していれば「ZEB」と表示できる。また、ZEHについては、基準一次エネルギー消費量から20%以上を削減し、再生可能エネルギーを加えた数値で基準一次エネルギー消費量を100%以上削減した場合はゼロエネ相当と表示できる。

住宅用

図3.3 BELSプレート

8) ZEB

エネルギー政策基本法にもとづいて策定された「エネルギー基本計画」(2014年)では、「建築物については、2020年までに新築公共建築物等で、2030年までに新築建築物の平均でZEBを実現することをめざす」とする政策目標が設定されている。

8) CASBEE

建築環境総合性能評価システムのCASBEE[9]は建築物の環境性能をはかるものさしであり、「環境効率」による評価指標(BEE:Built Environment Efficiency)評価結果により、環境性能を図3.4のように、S～Cならびに星による5段階のマークで格づけ・ラベリングする手法である。

建築系のBEE評価では、建物を含む敷地境界内を評価対象として、建築物の環境品質・性能Qを分子、建築物の外部環境負

9) CASBEE

Comprehensive Assessment System for Built Environment Efficiency の略。室内外の快適性や景観への配慮なども含めた建物の品質を、より少ない環境負荷で実現できているか評価するシステム。
BEE=1が現状の標準的性能を、5段階評価では、
S:素晴らしい、A:大変よい、
B+:よい、B-:やや劣る、C:劣る
を表し、星印はSが5つ、Cが1つとなる。

荷 L を分母に点数化して効率を算定する。Q は Q1：室内環境、Q2：サービス性能、Q3：室外環境（敷地内）、L は L1：エネルギー、L2：資源・マテリアル、L3：敷地外環境の各 3 項目に対して評価する。住宅・非住宅の新築・既存・改修版をはじめ、街区や都市を評価するものなど、さまざまな評価ツールが開発されている。

住宅・建築系の評価ツールは、地方自治体の行政ツールとしても活用され、国内に普及している。

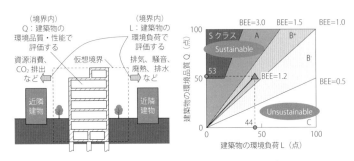

図 3.4　BEE の評価境界と BEE による環境ラベリング手法

9）BCP

東日本大震災を契機に、事業継続計画（BCP：Business Continuity Plan）に関する認識が深まり、緊急事態に遭遇した際の対応方法や備えについてあらかじめ計画し、建物に必要な設備を整備することが多くなっている。庁舎などの公共施設や病院などはその典型例であり、また住宅においても停電時の太陽光発電設備や蓄電設備の利用、発電機のブラックアウトスタート[10]などは、その対応例である。

大地震等の広域災害においては、組合や工業団地、商店街などの企業間、企業・自治体・住民間等の地域連携型の事業継続計画（DCP：District business Continuity Plan）が必要視されている。このような設備計画では、平常時に一定の効果を生みながら、非常時にもそれが機能する設備の計画が重要となる。

10）ブラックアウトスタート
商用電源の停電状態時にコージェネレーションシステムを起動すること。

Ⅱ

戸建て住宅の設備

1 戸建て住宅の設備の概要

1.1　戸建て住宅の建築設備の概要

　戸建て住宅の建築設備は、大きく①給排水設備、②換気設備、③冷暖房設備、④電気設備、⑤ガス・燃料系設備、⑥防犯・防災設備に分類できる。

① 給排水設備

　水（給水）は、一般に上水（飲用可能な水道水）を地中の水道本管から引き込み、水道メーター（量水器）を経由して、各給水栓（蛇口・シャワーなど）に供給される。

　湯（給湯）は、給湯器などで上水を温めてつくり、多くの場合は、混合水栓で上水と混ぜ合わせることにより、適当な湯温に調節して使用される。

　住宅から排出される汚水は、排水管を通じて公共下水道に流されるか、下水道が未整備の地域であれば、浄化槽で浄化したあとに河川等に放流される。雨水は、雨水ますから地中の雨水本管に流される。

② 換気設備

　換気設備は、トイレ、浴室、洗面所やレンジフードなどの局所排気、居室空気の質を維持する目的に対して、換気ファンが設置される。

③ 冷暖房設備

　冷房機器には、一般にルームエアコンが多く使用される。暖房機器としては、エアコンほかに床暖房、石油・ガスファンヒーターなどが使用される。

④ 電気設備

　コンセントや照明などに電源を供給するための電力設備とテレビや電話のための情報・通信設備の2種に分けられる。

　電力設備は、電柱の電線から電気を引き込み、電気メーターから分電盤を介して各コンセントに配電される。一般のコンセントは交流100V、電力消費の大きいIHクッキングヒーターや食器洗い乾燥機、電気式ヒートポンプ給湯機や一部のエアコンなどは交流200Vの電源が必要となる。

　情報・通信設備は、電話回線のほかにインターホン、ケーブルテレビ回線、光回線による電話・インターネット・テレビ利用などに必要となる。

⑤ ガス・燃料系設備

　調理器具としては、都市ガスやプロパンガス（LPG）を燃料とした、調理用ガスこんろが広く普及している。また、給湯器あるいは暖房機器についても、ガスもしくは灯油を用いた機器が広く使用されている。

　都市ガスを利用する場合は、地中のガス本管からガスを引き込み、建物内のガス配管を通じて各機器まで供給される。プロパンガスを利用する場合は、ガスボンベを屋外に設置して、建物内のガス管を通じて各ガス機器に供給する。

　灯油を用いる給湯器や暖房機器は、屋外に機器と灯油タンクが設置される。

⑥ 防犯・防災設備

　防犯設備と防災設備の2種に分けられる。住宅用の防災設備としては、住宅用自動火災報知設備があり、火災感知器（熱や煙により火災を検知するセンサー）の設置を寝室や階段のほか、自治体によっては台所へも義務づけている。

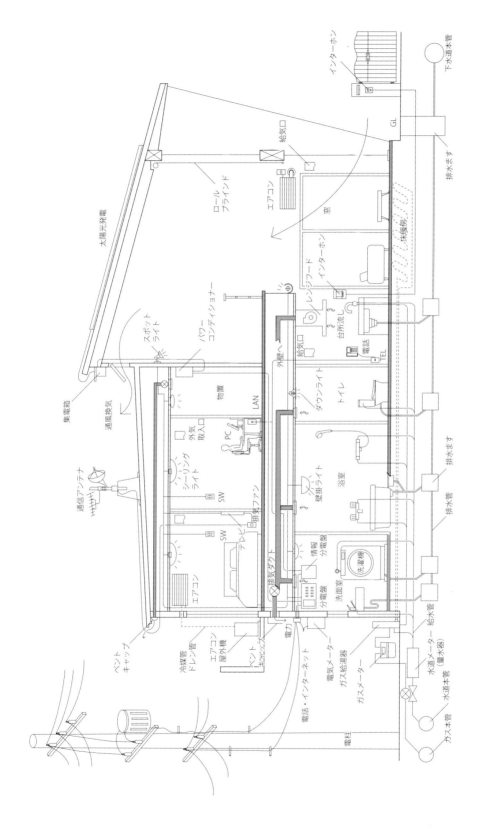

図 1.1 戸建て住宅の建築設備概要

1 戸建て住宅の設備の概要

2 戸建て住宅の給排水・衛生設備

2.1 給排水・衛生設備のつながりと構成

戸建て住宅の給排水・衛生設備は、公共水道から上水（飲用可能な水道水）を引き込み、建物内の台所などの水栓や風呂・トイレ・洗面所などの衛生器具に水や湯を供給し、利用後の排水を公共下水道などに流すための設備である。

給排水・衛生設備は、給水設備、給湯設備、衛生器具設備からなる。近年は、雨水を雑排水として再利用するための雨水利用設備なども普及している。

戸建て住宅の給排水・衛生設備にはさまざまな方式があるが、もっとも一般的な水道直結直圧方式による給水方式と下水道を利用した排水方式を例に、給排水・衛生設備のつながりを説明する。

◆**給水設備**：上水は、水道本管から引き込み、止水弁・水道メーター（量水器）を介して、直接蛇口などの水栓に接続される。水道本管の持つ給水圧力により、3階程度の高さ（約10m程度）までは、直接給水が可能である。

◆**排水設備**：汚水、雑排水は、排水ますを介して下水道本管に排出する。この排水管には勾配をつけて、自然落下によって排出する。雨水については、雨水ますを介して下水または雨水排水用の側溝などに放流する。

◆**給湯設備**：給湯設備は、給湯器により上水を加熱して湯をつくり、給湯管を通じて給湯栓に供給する。

表2.1 戸建て住宅の設備の構成要素と概要

構成要素		概　要
1. 給水配管		
	a. 水道本管	上水を供給する公共配水管
	b. 止水栓	通水量調整や水道供給を停止するための弁
	c. 水道メーター	水道使用量を計測する計器（量水器）
	d. 給水管	上水を各水栓に分配・搬送するための配管
	e. 水栓器具	台所、洗面、浴室、便所などの上水を吐水・止水する器具
2. 給湯設備		
	a. 水道本管	上水を供給する公共配水管
	b. 給湯器	上水を電気、ガス、油などを使用して加熱し、湯をつくる機器
	c. 給湯配管	湯を水栓に分配・搬送するための配管
	d. 混合水栓	台所、洗面、浴室などで、上水と混ぜて適当な湯温に調整した湯を吐水・止水する器具
3. 排水設備		
	a. 排水器具	台所のシンク、洗面・手洗い器具、便器など水受けを持ち、排水管に排水を流す器具
	b. トラップ	排水管内の空気が室内に浸入するのを防ぐための水封部を持つ装置
	c. 排水管	排水を下水道本管まで流すための配管
	d. 排水ます	清掃や点検のために排水管の途中や合流部に設けるますで、屋外に設置される
	e. 下水道本管	下水を放流する公共配管

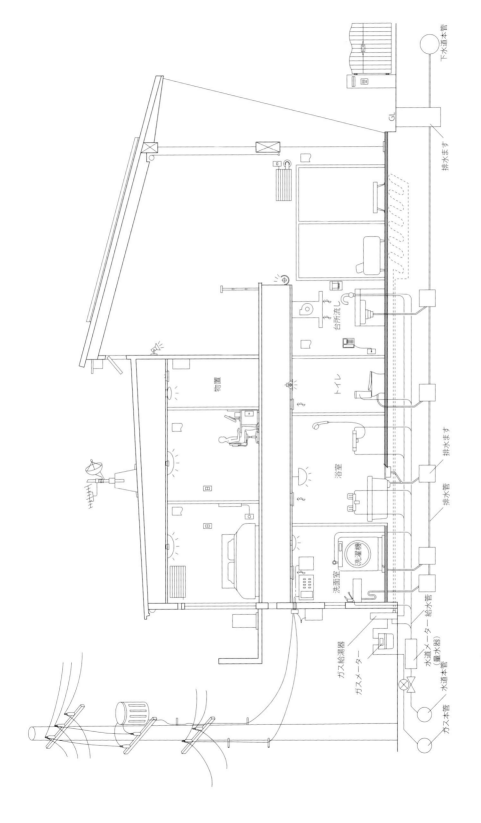

図 2.1　戸建て住宅の給排水・衛生設備のつながり

2.2　給排水・衛生設備の機器
(1) 給水設備

戸建て住宅の代表的な給水設備方式では、敷地外の水道本管から建物内の蛇口等の水栓器具まで、以下に示す設備を経由することで上水が供給される。戸建て住宅のもっとも一般的な給水方式は、水道直結直圧方式であり、これは水道本管（水道事業者の水道施設）の圧力（0.15MPa）により、水栓に必要となる給水圧力を確保する方式である。

a. 水道本管

浄水場において処理し、配水池に蓄えられた上水[1]を、ポンプで各所に送水する際に用いる配管が水道本管である。水道本管は道路下に埋設されており、この管に給水引込管をつないで、上水を建物に引き込む。給水引込管には止水栓、水道メーター（量水器）が取り付けられ、通水・止水および計量を行う。

b. 止水栓

通水量の調整や水道供給を停止するための弁である。

c. 水道メーター

水道使用量を計測する計器である。寒冷地では、水道メーターを通過したあとの給水管の立上り管や横走り管の手前に、管内水の凍結防止を目的として水抜き栓[2]を取り付ける。

1) 上水・中水・下水
飲用可能な水を供給する上水、汚水を流す下水に対し、中水（雑用水）がある。生活排水や産業排水を処理して循環利用された水であり、飲用ではない。水洗トイレ用水や植物等への散水、公園の噴水などに用いられる。

2) 水抜き栓
寒冷地の場合は、水道の凍結を防ぐため、住戸内の水道管の水を抜き、配管内を空にするための水抜き栓を設置して、水を凍結深度（土壌が凍結する深さ）より深い地中に排出する。

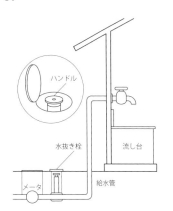

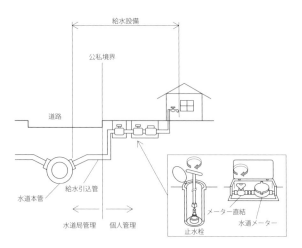

図2.2　戸建て住宅の給水の引込み概要

d. 給水管

上水を各水栓に分配・搬送するための配管である。給水管に使用される配管材料は、管の内側を樹脂コーティングしたライニング鋼管（主に硬質塩化ビニル管）、ステンレス鋼管、銅管、硬質ポリ塩化ビニル管や架橋ポリエチレン管[3]、ポリブデン管など樹脂管である。ヘッダー方式[4]による給水配管は、ヘッダーから各給水栓まで途中に分岐がないため、複数の水栓を同時に使用した場合でも水量変化が少なく、安定した給水が得られるため、採用されることが多い。

e. 水栓金具

水栓金具には、多様な種類があるが、大きく洗面・手洗い用、台所用、浴室用、洗濯用、屋外用に分類できる。図2.3に水栓金具の具体例を示す。

近年では、使用温度が調整できる混合水栓が主流となっている。このような混合水栓は、利便性に優れるだけでなく、節水や給湯エネルギー使用量の低減効果も期待できる。

また、従来のバルブ（ハンドル）方式からシングルレバー方式が主流となり、だれもが使いやすいユニバーサルデザインに配慮されているとともに、自動センサーによるハンズフリータイプなども普及している。

図2.3 水栓金具の具体例

(2) 給湯設備

代表的な給湯設備では、敷地外の水道本管から、給湯機器を介し、建物内の蛇口などの水栓器具までには以下に示す設備を通して湯が供給される。

a. 水道本管

浄水場から上水が供給される配管である。

b. 給湯器

戸建て住宅で使用される給湯熱源設備の種類を表2.2に示す。

表2.2 給湯熱源設備の種類

燃料式（ガス・灯油）	電気式
・瞬間湯沸かし器	・瞬間湯沸かし器
・給湯器	・深夜電気温水器
・家庭用コージェネレーション機器	・ヒートポンプ式給湯器

ガス・灯油の燃料系を用いるものは、給湯器が主流である。使用燃料の違いはあるが、水の加熱構造はどちらも同じである。近年、燃料系給湯器として潜熱回収型が開発され、広く普及している。図2.5にこれらの機器構造を示す。

3) 架橋ポリエチレン管

架橋ポリエチレン管のような樹脂管は、軟らかくて曲げやすく、錆びることがない。また、鋼管のように継ぎ手がいらないので、水漏れの危険性が少ないという利点があり、近年は主力になっている。保温材を巻いたものや、樹脂製のさや管に収められるものがある。

4) ヘッダー方式

ヘッダー管に系統ごとの給水管を接続して配管する方法。

ヘッダー方式の施工例

【参考】住宅の一人当たりの水使用量の目安
1人世帯：300～350ℓ
2人世帯：250～280ℓ
3人世帯：230～250ℓ
4人世帯：200～230ℓ
5人世帯：180～200ℓ
6人世帯：160～180ℓ

図2.4 給湯器の設置方法

潜熱回収型では、炎による水の加熱過程において発生する高温排気から熱を回収することにより、熱効率が約80％から約95％に向上した。

(参考)
給湯使用温度の目安

用途	夏（℃）	冬（℃）
洗面	35～37	38～40
洗濯（手洗い）	36～38	38～40
風呂	39～41	41～43
シャワー	38～40	40～42
食洗機	70～80	70～80

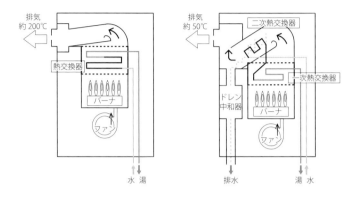

図2.5　給湯器の構造（ガス給湯器）

また、燃料系の給湯器として普及拡大が期待されているのが、家庭用コージェネレーションである。コージェネレーションとは、電気と熱を同時に取り出してエネルギー利用の効率を高く維持するシステムであり、家庭用では、発電により電気をつくる際に生じる温水排熱を、給湯や床暖房に利用する。

発電方式には、ガスエンジン方式と燃料電池方式[5]があり、発電効率の違いから、風呂など湯の使用量が多ければエンジン式、少なければ燃料電池式が推奨されている。ガスエンジン発電機を備えたシステム例を図2.6に、燃料電池式を図2.7に示す。

5）家庭用燃料電池

燃料電池では、水の電気分解の逆の原理を利用し、水素と酸素から発電する。都市ガスでは、主成分のメタンを水素と二酸化炭素（一部一酸化炭素）に変換し、酸素は外気から取り入れて反応させる。

水素と酸素の化学反応に用いられる電解質は、現在は固体高分子形（PEFC）が主流であるが、固体酸化物形（SOFC）も市場投入されている。

（燃料電池式）

図2.7　家庭用コージェネレーションシステム

6）ヒートポンプ式給湯器の加熱原理

ヒートポンプ式給湯器の冷媒（熱を伝える媒体）には、二酸化炭素が用いられている。冷媒を圧縮機で圧縮すると、冷媒は高温高圧の液体となる。高温の冷媒と水を熱交換して湯をつくる。熱交換され温度が下がった冷媒は、膨張弁で減圧され、さらに温度が下がる。この温度が外気より低いため、外気と熱交換して冷媒を温めるとともに、低圧状態で冷媒はこの際蒸発して気化するため、気化熱により外気からより多くの熱を奪う。こうして外気の熱エネルギーを得た冷媒を、また圧縮機で加圧し、水と熱交換する。圧縮機において、エネルギーを消費する。

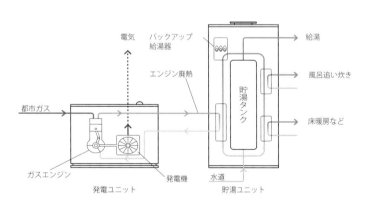

図2.6　家庭用コージェネレーションの構造（ガスエンジン方式）

電気式給湯器の主流はヒートポンプ式給湯器[6]であり、エアコンによる暖房運転と同じ原理で湯をつくる。深夜電力を使用し、夜間に時間をかけて湯をつくるため、湯を貯めるための貯湯槽を合わせて備えるのが特徴である。ヒートポンプ式給湯器の原理を、図2.8に示す。蓄えた湯を床暖房に利用できる機器もある。

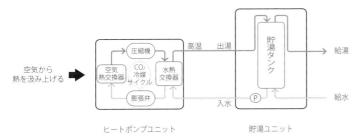

図 2.8 ヒートポンプ式給湯器の構造

c. 給湯配管

表 2.3 に戸建て住宅で採用される配管方式を示す。従来は先分岐方式がとられてきたが、更新性や捨て湯量の低減の観点から、ヘッダー方式（図 2.9）の普及が進んでいる。

表 2.3 先分岐方式とヘッダー方式

項目	先分岐方式	ヘッダ方式
湯待ち時間	・一系統ごとの管路の保有水量が多く、湯待ち時間が長くなりやすい	・一系統ごとの管路の保有水量が少なく、湯待ち時間を短くしやすい。
配管材料 施工方法	・配管継手が多い。	・枝管は小口径配管にできる。 ・継手の使用は少なくても済む。
	・継手施工部が多く、施工に手間がかかる。	・ヘッダからの枝管は、途中継手を使用する必要がない。 ・現場の施工が容易である。
配管の補修	・配管の取替えや補修が困難である。	・さや管内の配管を抜き差しするだけ、配管の交換が容易である。
熱伸縮対策	・給湯本管の直線配管部には、一般に伸縮対策が必要である。 ・分岐部の応力集中対策が必要である。	・樹脂管のため伸縮継手などは不要である。
空気溜まり対策	・少量使用時に本管の流速が遅く空気溜まりが発生しやすいため、空気抜き弁、傾斜配管等の対策が必要である。	・枝管を小口径で配管すれば流速が早くなり、空気溜まりが発生することは一般的にはない。
システムズ		

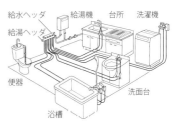

図 2.9 ヘッダー方式による給水・給湯の例

d. 混合水栓

混合水栓は、湯と上水を混ぜて適当な湯温に調整するが、給湯エネルギーの抑制を目的に多くの節湯機器が市販され普及している。止水機能つきシャワーヘッド（図 2.10）はその代表例である。また、節湯水栓については、住宅・建築物の省エネルギー基準[7]などで表 2.4 のように定義されている。

また、浴槽の断熱性は大幅に向上しており、そのほか、風呂ぶた・浴槽下や浴室の床・天井・間仕切り壁に至るまで、浴室全体に対して断熱強化が図られ、湯の使用量や加熱量を低減する省エネルギー対策も進んでいる。

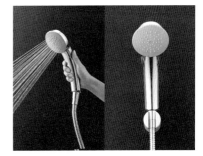

図 2.10 止水機能つきシャワーヘッド

7) 住宅・建築物の省エネルギー基準
「エネルギーの使用の合理化等に関する法律」（省エネルギー法）では、住宅・建築物の住宅の建築主に対して、一定の基準以上の省エネルギー性能の実現に対する努力義務を課している。

8) 節水型便器

JIS A 5207 では、「節水Ⅰ形」を洗浄水の量が1回につき8.5ℓ以下、「節水Ⅱ形」を6.5ℓ以下と同等以上の性能および品質を有するものと規定している。

タンクレス洗浄便器

タンク型洗浄便器

図2.12 洋式便器の流水構造

図2.13 Sトラップの施工例

わん付きトラップの一例

わん無しトラップの一例

流し台のわんトラップ

洗濯機パンのわんトラップ

図2.14 流し台および洗濯パンの例

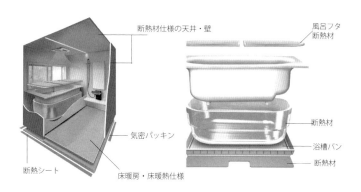

図2.11 浴槽・浴室の構造の例

表2.4 節湯水栓の定義

基準名	住宅・建築物の省エネルギー基準		住宅事業建築主の判断の基準	
定義	本判断基準の指針の付属書にて定められた節湯水栓の構造の規定を満たしているもの		（社）日本バルブ工業会のモニター方法にて削減基準を満たしているもの	
手元止水	節湯A1	台所水栓：9%削減 浴室シャワー水栓：20%削減	節湯A	台所水栓：9%削減 浴室シャワー水栓：20%削減
小流量吐水	節湯B1	浴室シャワー水栓：15%削減	節湯B	台所水栓：17%削減 浴室シャワー水栓：15%削減
水優先吐水	節湯C1	台所水栓：30%削減 洗面水栓：30%削減		
上記組合せ	節湯A1 節湯B1	浴室シャワー水栓：32%削減	節湯AB	台所水栓：24%削減 浴室シャワー水栓：32%削減
	節湯A1 節湯C1	台所水栓：36%削減		

(3) 排水設備

台所のシンク、洗面・手洗い器具、便器などから排出される汚水を建物敷地外の下水道本管に流すには、以下に示す排水設備を経由して排水される。

a. 排水器具

台所のシンク、洗面・手洗い器具、便器など水受けを持ち、配水管に排水を流す器具から汚水が流される。便器については、節水型便器が主流となっており、タンクレス洗浄便器（図2.12）も多く採用されるようになった。

b. トラップ

排水管内の臭気が室内に浸入するのを防ぐための水封部を持つ装置を排水トラップという。住宅でよく用いられる水封式トラップを図2.15に示す。トラップ内に溜められた水を水封と呼び、この封水が干上がることを破封という。住宅内では、洗面台などではSトラップ（図2.13）、流し台のシンクや洗濯排水系統ではわんトラップ（図2.14）が多く用いられる。

図2.15 排水トラップの種類と構造

c. 排水管

　排水を排水本管まで流すための配管をいう。家庭から出る排水は、汚水と雨水の2種に分けられる。下水道が整備された地域では、排水は合流（集合）方式と分流方式に大別される（図2.16）。

　合流方式とは、し尿や雑排水[9]などの汚水と雨水を同一の排水系統で合流させ、そのすべてを下水道に流す方式である。分流方式は、汚水と雨水を別系統で結び、汚水は下水道に、雨水は雨水本管がある場合にはこれに流す。雨水本管がない場合は、雨水を側溝に放流するか雨水浸透ます[10]により地面に浸透させる。

　日本の公共下水道普及率は78％程度であり、下水道の未整備地区では、汚水を敷地内で処理してから河川等に放流するため、浄化槽[11]を敷地内に設置して汚水処理を行う。

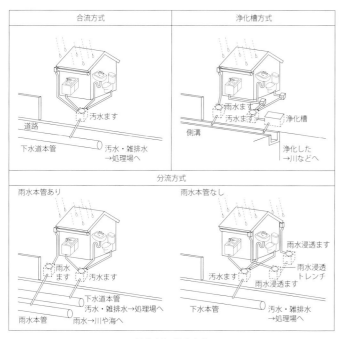

図2.16 排水方式

d. 排水ます

　排水ます[12]は、清掃や点検のために配水管の途中や合流部に設けるますで、通常は屋外に設置される。

e. 下水道本管

　下水を放流する公共配管である。

9）雑排水
家庭から出る排水のうち、洗面、洗濯機、浴室、キッチンなどからの排水を雑排水と呼ぶ。トイレから排出されるし尿や雨水とは分けて処理される場合がある。

10）雨水浸透ます

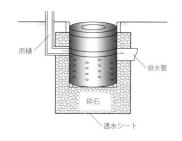

11）浄化槽
現在の浄化槽は、し尿と雑排水を合流して処理する合併処理浄化槽方式となっている。2001年4月以前には、し尿のみを処理する単独処理浄化槽も用いられていた。単独処理浄化槽では雑排水が未処理のまま放流される。

12）排水ます
排水管を通して汚水排水や雑排水、雨水排水を敷地外へ流す場合、排水管に流れ込んだゴミや汚泥で管が詰まることがあるため、詰まりが起きやすい箇所に点検や清掃を目的として設置されるますをいう。

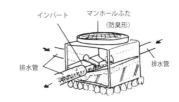

【参考】雨水利用
雨水を雨水タンクに貯めて、植栽散水などの雑用水に用いると、水の使用量が低減される。環境負荷を低減するには、80ℓ以上の容量が目安となる。

3 戸建て住宅の冷暖房設備

3.1 冷暖房設備のつながりと構成

　戸建て住宅の冷暖房設備は、室内における温熱快適性を維持するために、室内の熱・水分を除去（冷房）あるいは室内に熱を投入（暖房）する。温熱快適性に関する要素は、温度、湿度、気流、放射の物理的要素と、人間的要素である代謝量（活動量）と着衣量の計6要素によって定まり、このうち4つの物理的な温熱環境要素を制御するための役割を担う。

　一般のルームエアコンのように、温湿度と気流を制御する機器や、例えば床暖房のような放射を制御する機器、これらを組み合わせた機器などがあり、多くの機器が市販されている。

　冷暖房設備にはさまざまな方式があるが、戸建て住宅でもっとも一般的に用いられるルームエアコンと床暖房について、そのつながりを説明する。

◆ルームエアコン

　ルームエアコンでは、室内機と室外機が一対に組み合わされた機器が一般的である。これらは冷媒管でつながっており、この管には保温のための断熱材が巻かれている。エアコンの冷房運転の際には除湿もなされるため、室内機の熱交換コイル表面に結露水が発生する。これを屋外に排出するための配管（ドレン管）を室内から外部に出す必要があるため、冷媒管と合わせて建物外部に配管される。

◆床暖房

　戸建て住宅の床暖房は、電気式と温水式の2つに大別できる。電気式は、床材内に仕込まれた電熱コイルに通電して発熱させるもので、温水式では温水を床材内の配管に送って暖める。温水式については、温水をつくる方法も多種多様であり、ガスや灯油の燃料式と電気式などの温水器がある。

　温水式の場合は、給湯器が屋外に設置され、温水配管が床暖房パネルに接続される。電気式の場合は、床暖房パネルに電力を供給するために、電気配線される。

表3.1　戸建て住宅の冷暖房設備の構成要素と概要

構成要素		概　要
1. ルームエアコン		
	a. 室内機	送風ファンを含む室内に設置される室内空気と冷媒の熱交換器
	b. 冷媒管	室外機と室内機を冷媒ガスが循環するための配管
	c. ドレン管	冷房時に室内機内で発生した結露水を室外に排出するための管
	d. 室外機	送風ファンを含む室外に設置される外気と冷媒の熱交換器。冷媒ガスを圧縮するための圧縮機（コンプレッサー）を内包する
2. 床暖房設備		
	a. 床暖房パネル	放熱源となる温水配管と断熱材からなるパネル
	b. 温水配管	床暖房パネルに温水を循環させるための配管
	c. 温水器	循環温水を加温するための加熱機器

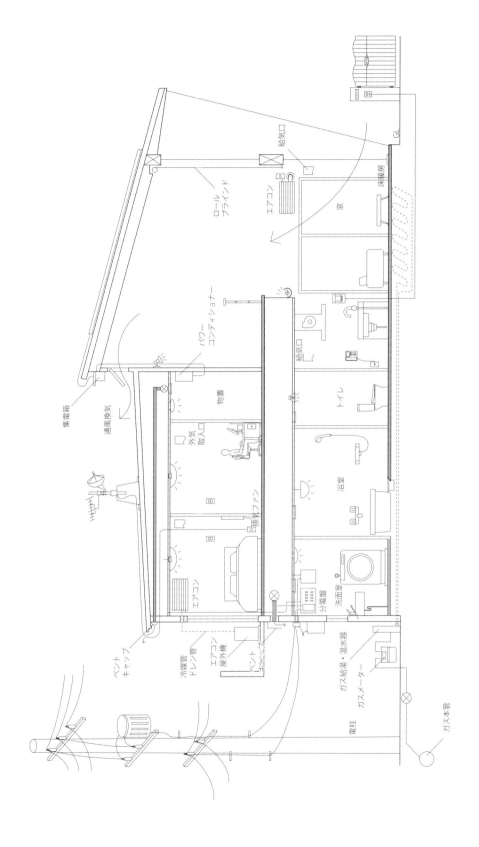

図 3.1　戸建て住宅の冷暖房設備のつながり

3　戸建て住宅の冷暖房設備

【参考】冷暖房負荷

冷房・暖房負荷に関係する要素には、外気と室内の温度差による建築外皮（壁・窓・屋根など外部にさらされる面）を介した熱授受（熱貫流）、日射・放射冷却、換気による外気の室内流入、室内の機器発熱や水蒸気発生をはじめ、空調していない時間に家具・建具に蓄積される熱、空調する部屋としない部屋など室間温度差による熱貫流などがある。省エネルギーの観点からは、この負荷を極力小さくすることが重要である。冷暖房負荷を軽減するための基本的な対策は、高断熱・気密化と日射の制御である。

冷房対策では、ひさしの設置や植樹（広葉樹）等による建物外部での日射遮蔽、通風性の良い建物プランや窓配置の工夫（1室2方位以上に窓を設置、上下方向の通気性に配慮）をまずは行い、冷房機器を使用する期間を短くする努力をする。ハイサイドライトなど窓を高い位置に設けることは、室内の熱気を逃がすのに効果的である（温度差換気の利用）。壁の断熱は当然ながら、屋根の断熱や小屋裏空気の排気にも配慮が必要である。

暖房対策では、日中の入射日射が大きくなるよう、建物プランや窓配置の工夫（南面に大きめの窓を配置）をまずは行い、暖房機器の使用期間を短くする努力をする。快適性の観点からは、床・窓の断熱化の配慮が重要である。窓回りは、ブラインドやカーテンなどの建材も含めて、トータルに断熱対策を考えるとともに、窓からの冷気（コールドドラフト）を室内に流入させない工夫が大切である（図3.2）。

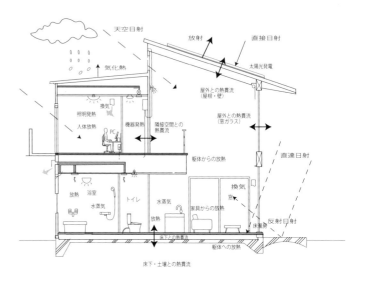

図3.2　戸建て住宅の冷暖負荷要素

3.2 冷暖房設備方式と種類

(1) ルームエアコン

戸建て住宅の冷暖房機器は、電気式の「壁掛形」ルームエアコンが主流である。建築的な納まりやデザイン性などに配慮する場合は、室内機を天井面や壁面に埋め込むことができる、「天井埋め込みカセット形」や「壁埋め込み形」のハウジング・マルチエアコンを採用する場合もある。

ルームエアコンは、室外機1台と室内機1台で構成されるセパレート型となるが、ハウジング・エアコンでは、室外機1台に対して複数の室内機を接続することができるマルチ型となる。

室内機から屋外への配管は、室外機を接続する冷媒用のガス管（往き管・還り管）とドレーンホース、電気配線で構成される。ドレーンホースは、冷房時に室内機の熱交換器（蒸発器）での結露水を排水するためのものである。

1) 冷媒
冷媒は、オゾン層破壊係数（ODP：Ozone Depletion Potential）の非常に高いCFC（R12など）やHCFC（R22など）のフロンガスが主力として使用されていたが、2020年までにこれらをほぼ全廃し、ODPゼロの代替フロンであるHFC（R410Aなど）に切り替える。近年では、地球温暖化係数（GWP：Global Warming Potential）の小さなHFCであるR32が登場している。

2) エアコンのエネルギー消費効率
COP (Coefficient Of Performance：成績係数)：電気式の場合は、消費電力1kWあたりの冷房・暖房能力（kW）を表す。値が大きいほどエネルギー消費効率のよい省エネルギー機器を指す（COP=能力／消費電力）。下図は、暖房時にCOP=7となる熱収支の例。
APF (Annual Performance Factor：通年エネルギー消費効率)
JIS C9612に基づく条件下でエアコンを1年間運転した場合の消費電力1kWあたりの冷房・暖房能力を表したもの。

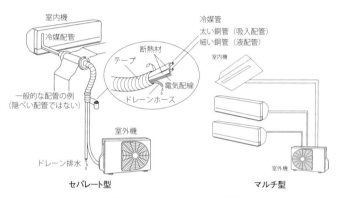

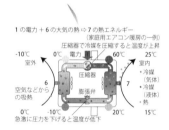

図3.3 ルームエアコンのつながり

エアコンでは、冷媒[1]をコンプレッサー（圧縮機）で圧縮、膨張弁で減圧する途中で空気と冷媒を熱交換し、冷媒を凝縮・蒸発させて加熱・冷却を行う。室内機と室外機には熱交換器とファンが備えられており、室内機側が冷房時は蒸発器、暖房時は凝縮器に、室外機はこの逆に入れ替わる（図3.4）。

室外機には、冷媒ガスを圧縮するコンプレッサーがあり、このコンプレッサーが電気式であれば電気式エアコン（ヒートポンプ）であり、ガスエンジン駆動によれば、ガスヒートポンプとなる。

ルームエアコンのエネルギー消費効率[2]は、省エネルギー法によりトップランナー方式[3]の性能基準が定められたことにより飛躍的に向上している。エアコンの効率は、機器の省エネルギー水準を示す省エネルギーラベル[4]により確認できる。また、使用時の効率は設置位置における日射や気温の影響を受けるが、特にショートサーキット[5]に配慮する必要がある。

3) トップランナー方式
基準設定時に商品化されている製品のうち「最も省エネルギー性能が優れている機器（トップランナー）」の性能以上に設定するエネルギー消費効率基準の策定方法。

4) 統一省エネルギーラベル
エネルギー消費機器の省エネルギー性能を表示するラベル。ECCJ（省エネルギーセンター）が情報を提供。ラベルには国の目標値を達成しているかどうか、省エネルギー基準の達成率、達成目標年度、エネルギー消費効率、年間電気料金の目安や5段階の星マークによる省エネルギー性能評価などの情報が記載されている。テレビ・冷蔵庫・エアコンなどが対象となる。

5) ショートサーキット

狭く囲われたスペースに室外機を設置した場合など、室外機で排熱した熱を再び吸い込むと状態になると機器効率が低下する。これをショートサーキットと呼び、冷暖房の効きが悪くなったり、機器が停止するなどの原因となるため回避する必要がある。

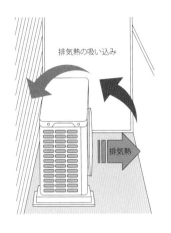

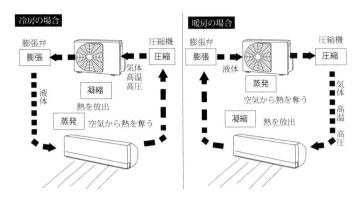

図3.4　ルームエアコンによる冷房・暖房の原理

（2）全館空調システム

戸建て住宅では、室内温熱快適性の追求や健康の維持・増進の居住者ニーズの高まりから、全館空調システムの商品化および普及が進んでいる。多様な方式が実用化されているが、ダクト式エアコン冷暖房方式により建物全体に空調空気を吹き出すシステムが主流である。

冷温水を熱源機器で製造し、これを各部屋に供給して冷暖房を行う方式もある。この場合は、主に冷温水コイルと送風ファンで構成されるファンコイルユニット[6]が室内に置かれ、室内空気と冷温水との間で熱交換して冷暖房を行う。

戸建て住宅にファンコイルユニットが利用される場合は、太陽集熱による暖房や井水を用いた冷房を行う場合の放熱装置として用いられることが多い。

6) ファンコイルユニット（FCU）

一般に冷温水コイル、送風ファン、エアフィルタなどを一体のケーシング内に収めた空調機であり、中央空調方式で主に用いられ、床置き型、天吊り型、天井埋め込み型など、さまざまな仕様がある。

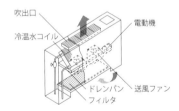

（a）床置き型

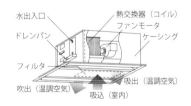

（b）天井埋め込み型

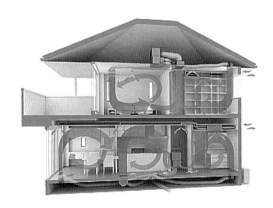

図3.5　全館空調システムの例

（3）放射暖房機器

　放射暖房の主なものは床暖房であり、本章の3.1で述べたように、電気式と温水式の2つに大別される。家庭用コージェネレーションや電気ヒートポンプ式給湯器と温水床暖房が一体となった機器もある。

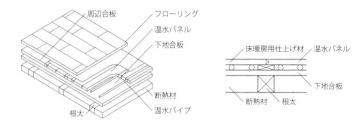

図3.6　温水式床暖房の施工例

　床暖房は、床を温めることにより、人体と床の接触面での加熱効果と床面からの放射熱による人体への加熱効果で、エアコンなどの空気を用いた対流式空調に比べて、室温を数度下げても同じ温熱快適性[7]が得られる。

　また、特に寒冷地で窓近傍や外壁近くの建物外周部の冷え込みを抑えるために、放射暖房装置を置く場合がある。温水を供給して機器を暖め、空気の循環を自然対流に任せて放熱するもので、コンベクター[8]やラジエーターと呼ばれる。電気ストーブなどの遠赤外線ヒーターやコタツなども放射暖房機器の一種である。

（4）燃焼式暖房機器

　燃焼式暖房機器の主なものは、石油・ガス等を燃料とするストーブ、ファンヒーターなどである。燃焼式ストーブは、開放式ストーブのほか、FF（Forced Flue：強制給排気）式や半密閉式のものがあり、FF式や半密閉式のものは、室内空気が燃焼ガスによって汚染されることへの配慮がなされた機器である。

　そのほか、近年は暖炉やペレットストーブなど、木質系材料を燃料とする暖房機器が見直され、着目されている。図3.7にFF式温風ヒーターの構成例を示す。

7）床暖房の温熱快適性
床暖房の場合は、室内の上下温度分布が均質化する。エアコン暖房の場合は、室内の温度むらができやすく、室上部に温かい空気がたまり、足もとが暖まりにくい状況が見られる。

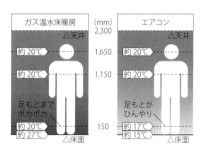

8）コンベクター

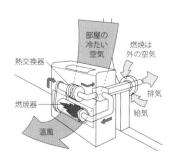

図3.7　FF式温風ヒーター

4 戸建て住宅の換気設備

4.1 換気設備のつながりと構成

　戸建て住宅の換気設備の役割は、室内の汚染された空気や水蒸気あるいは臭気を室外に排出し、室内に屋外の新鮮な空気を取り込むことにある。台所のフードやトイレ・浴室などで発生した汚れた空気や臭いを速やかに排出する局所排気と、建物内の建設材料や家具等から放出される揮発性有機化合物（VOC）およびホルムアルデヒド等の有機溶剤などの有害物質を常時換気により排出し、人体に健康被害（シックハウス症候群）が及ばないように行う計画換気に大別される。計画換気については建築基準法で24時間換気が可能な機械換気設備の設置が義務づけられている。

　換気設備にはさまざまな方式や機器があるが、戸建て住宅でもっとも一般的に用いられる第3種換気を例に、そのつながりを説明する。

　第3種換気方式は、排気ファンによって強制排気を行い、給気はその圧力差により給気口から自然に取り入れる換気方式である。住宅では、給気口を居室ごとに設け、洗面所やトイレ、浴室などに計画換気用の排気ファン（主にパイプファン）を設置する第3種方式が多く採用されている。

　この場合の空気の流れは、各室に設けられた給気口から外気が室内に入り、部屋に新鮮空気が流入した後、室内の汚れた空気がドア下のすきまなどから流出し、廊下などを経由して排気ファンを設置した部屋に引き込まれ、排気ファンにより建物の外へ強制的に排気される。

表4.1　戸建て住宅の換気設備の構成要素と概要

構成要素		概　要
1. 第3種換気の場合		
	a. 給気口	外壁に設ける給気口（ベントキャップとフィルターで構成）
	b. ドアガラリ・アンダーカット	ドアガラリやドア下にすきま（アンダーカット）を設け、空気の通りみちを確保する
	c. 排気ファン	排気を室外に排出するためのファン
	d. 排気口	外壁に設ける排気口（外壁に外壁フードを設ける）

図4.2　住宅の換気方式の分類

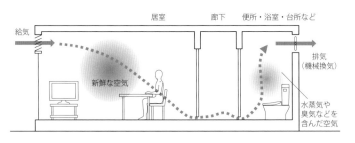

図4.3　第3種換気による代表的な住宅内空気の流れ

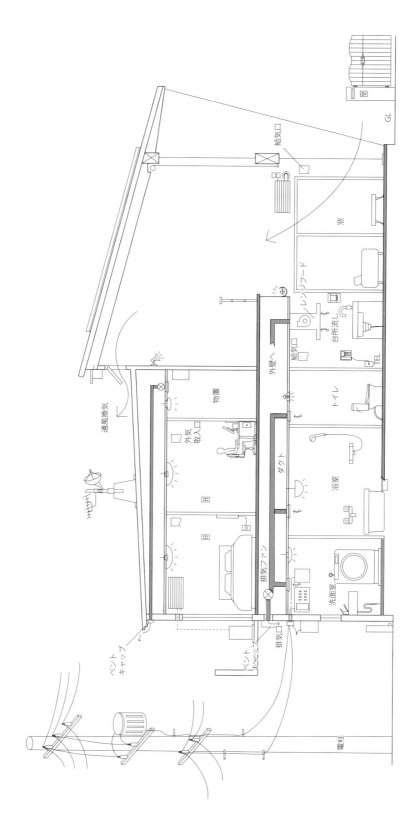

図 4.1　戸建て住宅の換気設備のつながり

4.2 換気設備の構成機器

戸建て住宅の換気設備による空気の流れと主な構成機器を図4.4に示す。

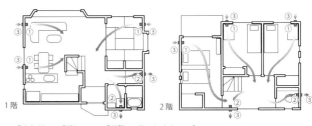

①室内吸気口　②排気ファン　③外壁フード・ベントキャップ

図 4.4　戸建て住宅の換気設備の構成機器

a. 給気口

換気に際して、外壁等に空気流通のための給気口を開けるが、雨水の浸入や外部風の影響等を抑止するために、給気口の建物外部には外壁フードやベントキャップを用いる。外壁フードは、雨水の浸入や壁汚れにも配慮されている。

b. ドアガラリとアンダーカット

各室において必要な換気量が確保されるよう、あらかじめ建物内には空気の通りみちを確保する必要がある。居室の出入口がドアの場合は、ドアの下部にアンダーカットを設けて空気の流路を確保する。また、排気ファンが備えられたトイレや洗面所などは、各室から空気が集まり、通過空気量が多くなるため、開口面積を確保するためにドアガラリを設ける場合も多い（図4.5）。

図 4.5　ドアガラリとアンダーカット

c. 排気ファン

戸建て住宅の計画換気用として普及しているのが、天井埋込形換気扇やパイプファンである（図4.6）。最近は局所排気用ファンの一部として計画換気の機能を備えているものもある。例えば、浴槽・トイレの排気ファン、台所のレンジフードに24時間換気機能が付加したものが市販されている。

d. 排気口

換気に際して、外壁等に空気流通のための排気口を開けるが、給気口と同様に建物外部には外壁フードやベントキャップを用い

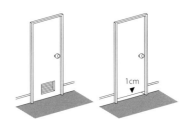

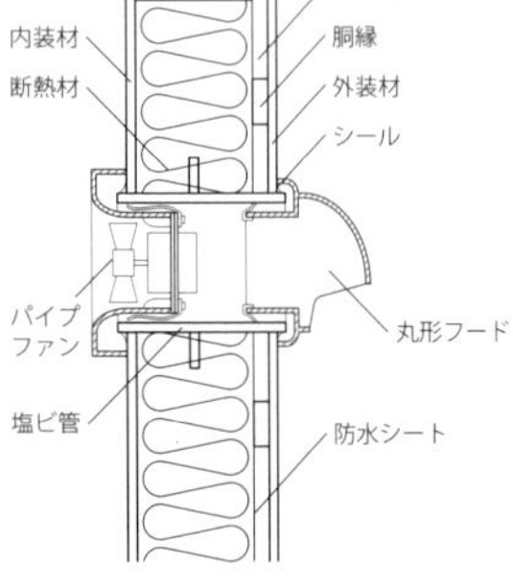

図 4.6　パイプファンの納まり

る。外壁フード・ベントキャップの形状[1]により給排気する方向も調整できるため、給気口と排気口の距離が近い場合の給排気のショートサーキット対策や、排気が隣接建物等に影響しないよう配慮することも可能である。また、天井埋込形換気扇を用いる場合は、排気ファンから排気口の間はダクトが接続される。

4.3 換気方式と換気扇の種類
(1) 換気方式
住宅における主な換気方式を図4.7の4つの方式に大別して説明する。

a. 第3種ダクトレス方式
現状の新築建物でもっとも多く採用されている、前節でも解説した方式である。経済的な方式であるが、各室の換気量確保が不確実であり、扉のアンダーカット等から、室の音漏れの心配がある。また、給気口から外気が直接流入するため、冬季のコールドドラフト等、室内温度環境に影響がおよびやすい。

b. 第3種セントラルダクト方式
第3種換気を中央（セントラル）方式で行うものであり、排気口は各室に設けられ、換気ファンと排気口にはダクトで接続される。各室の換気量確保が確実であり、各室で給排気が完結するため扉のアンダーカット等を設ける必要がなく、室からの音漏れの心配が少ない。給気口から外気が直接流入し、室内温度環境に影響がおよびやすい。

c. 第1種ダクトレス方式
各室に壁掛型等の全熱交換機を設置し、給排気を室ごとに行う方式である。全熱交換機では、給気（外気）と排気（室内空気）の熱交換を行うため、空調熱負荷の外気負荷が軽減されることから、省エネルギー対策としても有効である。また、給気口からは熱交換後の外気が流入するため、室内温度環境に影響がおよびにくい。各室で給排気が完結するため扉のアンダーカット等を設ける必要がなく、室からの音漏れの心配が少ない。

d. 第1種セントラルダクト方式
中央（セントラル）方式で給気（外気）と排気（室内空気）の熱交換を行う。給気口が各室に設けられ、各室の換気量確保が確実である。排気の吸込み口は、廊下や洗面所などに設置される。この利点については、第1種の局所式換気と同じであるが、各室から室外への空気の流れを前提とし、扉のアンダーカット等が必要となるため、室の音漏れの心配がある。当然ながら設置コストは他に比べて高くなる。

1) 外壁フード・ベントキャップの形状例
外壁フード、ベントキャップの主な形状例を以下に示す。

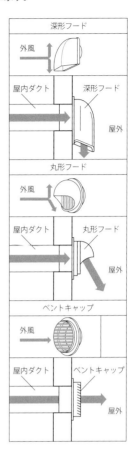

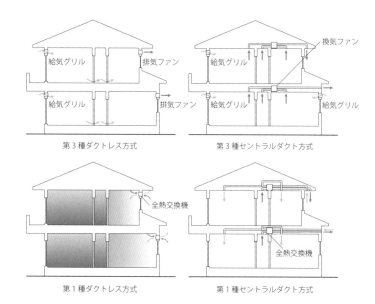

図 4.7　戸建て住宅の主な換気方式

(2) 換気扇の種類

a. 天井埋込型換気扇

　排気をしたい場所に換気用の外壁が確保できない場合や壁面の意匠的配慮を行う場合などでは、天井埋込形換気扇が用いられる。天井に排気口を設け、天井内のダクトを経由して建物の外に排気する。

　浴室の換気扇は、天井埋込型換気扇が主流であり、浴室の前室となる脱衣室と合わせて換気することも多い。浴室換気扇は多機能になっており、計画換気のほかにも浴室乾燥機や浴室暖房、ミストサウナなどの機能を備えた機器も市販されている。

b. レンジフードファン

　キッチンのレンジ回りの局所排気には、レンジフードが用いられる。ガスレンジはガスの燃焼を伴うため、IH クッキングヒーターに比べて必要換気量が多くなる。

　気密性の高い住宅では、レンジフードを稼働させた場合の給気ルートをどのように確保するかをあらかじめ計画しておく必要がある。これを怠ると、レンジフードを稼働させた際に出入口ドアが開きづらくなったり、風切り音が発生したりする。

図 4.8　換気扇の種類

c. 全熱交換機

排気（室内空気）と給気（外気）の間で温度と湿度を熱交換するための換気設備を全熱交換機といい、主に全熱交換用エレメントと送風ファンから構成される。ダクトレス型は各壁掛形や天井埋込形などの形式がある。セントラルダクト型は、天井埋込形や天井隠ぺい形など多様な形式がある（図4.9）。

（1）壁掛け型　　　　　　（2）天井隠ぺい型

図4.9　全熱交換機の種類

全熱交換用エレメントの素材は特殊薄膜紙であり、給気と排気が混ざることなく、両者間の温度・湿度を交換する（図4.10）。

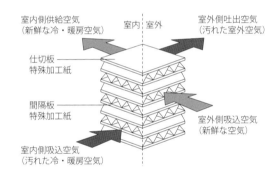

図4.10　全熱交換用エレメントの構造

【参考】
　建築基準法では、居室に対して必要な機械換気量を、換気回数で住宅居室0.5回/h以上、その他居室0.3回/h以上と定めるとともに、すべての建築物で24時間換気可能な機械換気設備の設置を義務づけている。
　換気量［㎥/h］＝換気回数×室容積［㎥］
　換気回数［回/h］＝換気量［㎥/h］／室容積［㎥］

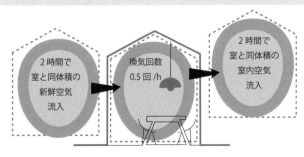

図4.11　住宅の必要換気量と換気回数

5 戸建て住宅の電気設備

5.1 電気設備のつながりと構成

　戸建て住宅の電気設備は、室内で使用される電気製品に安全に電力を供給する役割とテレビや電話やインターネットなど情報の伝達を行う役割を担う。

◆**電力設備**

　各住宅で必要となる電力を電力会社と契約し、供給してもらう。多くの戸建て住宅は電柱からケーブルにより電力を引き込んで、住宅用分電盤により住宅内の電力を必要とする必要箇所へ電力を分配する。住宅用分電盤では電力の使い過ぎによりケーブルが加熱し火災などの事故にならないように、分配した電力が一定以上の電流が流れると電気を遮断する。

　電力を使用する機器には、移動やつなぎ替えがほとんどない照明や換気扇など分配した電力をケーブルで直結するものと、エアコンやテレビや調理器具など、必要なときにコンセントを介して電力を供給するものがある。

◆**情報・通信設備**

　古くはテレビや電話などの音声を伝える設備だけであったが、情報インフラが進展し高速なネットワークが日本中に整備されている昨今では、戸建て住宅もこのネットワークに接続する形態になりつつある現時点では、それぞれの設備は個別の通信線により情報をやり取りしているが、ネットワーク化が進行しており、数年で家庭内のシステムが更新される様相である。

　本稿では、従来からのテレビ、電話、インターネット、インターホンについて解説するが、それぞれの設備間の機能連携や通信線のネットワーク化など機能の高度化・多様化は日々進展している。

表 5.1　電気設備の構成要素と概要

構成要素		概　要
1. 電力設備		
	a. 電力引込み設備	多くの戸建て住宅では建物の外壁や敷地内に引込み金具を設け、電柱から引込み線を引き込む
	b. 住宅用分電盤	電力を照明器具やコンセントに安全に分配して使用するための設備
	c. 照明	白熱電球と蛍光灯が多く使用されてきたが、LED 照明が急速に普及している
	d. コンセント設備	コンセントの使用できる最大電圧、最大電流により差し込みの形状が異なる。住宅で一般的なものは、100V 15A の 2 極コンセントである
2. 情報・通信設備		
	a. 情報通信設備	アナログ電話回線、ISDN に代わり、インターネットに高速で接続する光ファイバー回線が一般的になっている
	b. テレビ受信設備	アンテナから受信した UHF 放送、BS 放送、110 度 CS 放送などの電波をブースターにて増幅し、分配器により受信箇所数に応じて分配し、各受信箇所で必要な電波の強さを確保する
	c. インターホン	訪問者を確認できるテレビモニター付きドアホンが多く使用されている

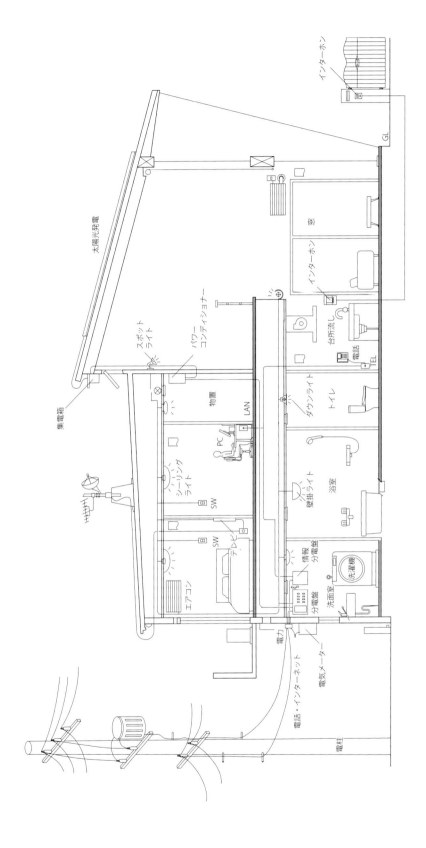

図5.1 戸建て住宅の電気設備のつながり

5 戸建て住宅の電気設備

5.2 電気設備の種類とはたらき
(1) 電力設備
a. 電力引込み設備

住宅で電力を使用するには、電力会社から電力供給を受ける必要がある。多くの戸建て住宅では建物の外壁や敷地内に引込み金具を設け、電柱から引込み線を引き込む。電力会社で工事を行う部分と建物で工事を行う部分の境界点を引込み線取付け点と呼び、引込み線取付け点の高さは2.5m以上とすることが法規で定められている。歩道や車道においても電柱から宙空を渡るケーブルが支障にならないように高さが規定されている。

引込み線取付け点では締付け式のコネクターでケーブル同士を接続し、チューブやテープで雨等から防護する。

引込み線取付け点から使用場所まで電力を分岐する住宅用分電盤までの間に電気メーターを設置して、住宅内で使用した電力量を計量する[1]。電力会社は電力量計の数値を毎月検針し電気料金の徴収を行う。電力量計は電力会社が取り付けを行う。

1) 電力の計量法
電気メーターを電気料金の取引として使用する場合は、計量法の規制対象になる。
検定を受けて「取引証明用計器」としての認可を受けなければ使用できない。
複数の使用条件で測定誤差が所定の公差に納まることが確認されている。検定には有効期間があり定期的に電力量計の交換が必要になる。

【参考】公差
基準を基に許容できると定められた誤差の最大値と最小値の差

【参考】オール電化住宅
キッチンや風呂、部屋の暖房などを含む住宅で使用するエネルギーをすべて電気でまかなう住宅をいう。
裸火による火災の心配が少なく、燃焼による空気が汚れも発生しないメリットがある。

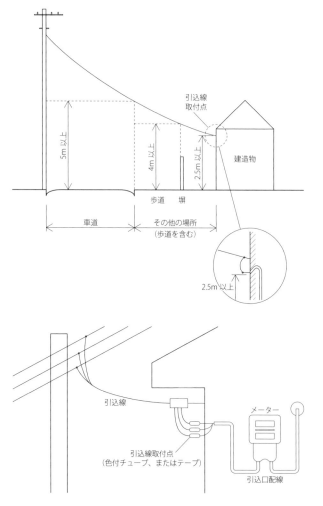

図 5.2 電力の引込み設備

b. 住宅用分電盤
●住宅用分電盤の構成
　住宅での電力供給の大本となるのが住宅用分電盤である。電力を照明器具やコンセントに安全に分配して使用するための設備で、住宅用分電盤は主に以下の3つの装置で構成されている。

①アンペアブレーカー（リミッター）

　住宅用分電盤の左側についているブレーカーである。家庭内で使用する電力の大きさにより、電力会社と契約して最大の電流値を取り決める。この契約電流値以上の電流が流れると自動的に電気を遮断する仕組みとなっている。

　電力会社との間で需給契約を締結した後に電力会社により設置される。一般的には電力の基本料金はこのブレーカーの電流値により金額が決められている。

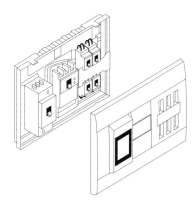

図5.3　住宅用分電盤

②漏電ブレーカー（漏電遮断器）

　配線や電気器具の漏電をすばやく感知し、自動的に電気を遮断するものを漏電ブレーカーと呼ぶ。この機器により、感電や火災などの事故を防止する。漏電がなければケーブルが送り出す電流と戻ってくる電流が同じ大きさになるが、漏電が発生すると漏れた電流分だけ両者にズレが生じる。この差分の電流を磁界として検出して漏電を検知する。

　住宅用分電盤には漏電ブレーカーの設置が義務づけられている。

③安全ブレーカー（配線用遮断器）

　安全ブレーカーは、分電盤から各部屋へ電気を送る分岐回路のそれぞれに取り付けられる（表5.2）。ケーブルやコンセントには加熱により故障せずに使用できる電流値に限度があるため、電流が流れ過ぎた場合に電流を遮断する。

　電気器具の故障や配線がショートした場合には非常に大きな電流が流れるが、電流が大きいほど短時間で電流を遮断するような仕様となっている。一般的には広い家や部屋数が多い家ほど、電化製品を多数使用するので、たくさんの安全ブレーカーが必要となる。

【参考】ZCT（零相変流器）
円筒状の鉄心に巻いたコイルに電線を通過させると、正常状態では電線が発生される磁束が相殺されるが、漏電時には磁束が電流の差分に応じて磁束が相殺されず、コイルに電圧を生じさせる。

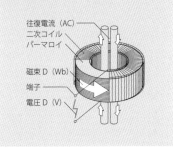

【参考】感電と人体の抵抗
感電によるショックの大きさは人体に流れる電流により変化する。人体に流れる電流は人体の電気抵抗が小さいほど大きくなる。人体の皮膚が乾燥している時の抵抗値は約10,000Ω、手が濡れている場合には約500Ωまで、抵抗値が低下することがある。濡れた手でコンセントに触れるのは大変危険なので注意すること。

表5.2 住宅の広さと望ましい回路数

住宅の広さ	必要最小回路数	望ましい回路数							
			内訳			aの例			
		計	照明	一般コンセント		衣類乾燥機	エアコン	洗浄便座	電子レンジ
				台所	台所以外				
50m² (15坪) 以下	3	5+a	1	2	2	1	1〜3	1	1
70m² (20坪) 以下	4	7+a	2	2	3	1	1〜3	1	1
100m² (30坪) 以下	5	8+a	2	2	4	1	1〜5	1〜2	1
130m² (40坪) 以下	6	10+a	3	2	5	1	1〜6	1〜2	1
170m² (50坪) 以下	8	13+a	4	2	7	1	1〜7	1〜2	1

● 住宅用分電盤の電圧

住宅内で一般に使用されている機器の電源電圧は100Vであるが、電力をたくさん消費する大型のエアコンやIHクッキングヒーターなどの機器では、より少ない電流で大きな電力を送れるように電源電圧に200Vを必要とする。

1軒の住宅の中で100Vと200Vの2種類の電圧の電源が必要となるが、単相3線式という3本の電線で2つの100Vの電圧を直列に組み合わせた電源を電力会社から受電することにより、一つの引込み線で2種類の電圧を取り出せるようになっている(図5.4)。

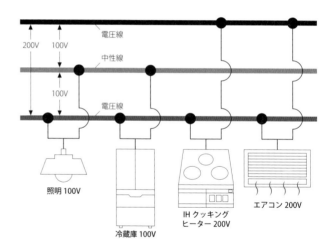

図5.4 住宅用分電盤の電圧

c. 照明

照明の明るさは、照度で表現され、単位はルクス(lx)を使用する。

照明には、場所や作業内容に対する適切な照度の範囲がありJISなどで規定されている。一般的な住宅では、30〜150lx程度の照度が望ましいとされ、居間や寝室などでは調光できるものがよいとされている。裁縫や読書など作業内容によっては、500lx以上の照度を照明によって補うことになる。

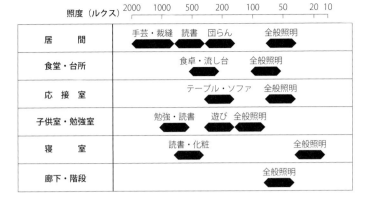

図5.5　必要な明るさの目安

【参考】光と色
人間は物体に反射した光を目で捕らえてものを見ることができる。照明は物体に照射する光の性質を決めるファクターであるが、物自体の色や色の濃さも空間に与える影響が大きい。
真っ黒に塗りつぶした部屋では、いくらたくさん照明を設置しても、光をあまり反射しないので人間の目では明るいと感じにくい。
快適な照明を実現するためには、照明器具だけを考慮するのではなく、部屋の内装色にも配慮する必要がある。

　照明の光色は色温度という数値で表され、単位はケルビン（K）が使われる。夕日のような赤味が多い光ほど色温度は低く、青空のような青味が多い光は色温度が高くなっている。
　色温度は空間の印象に影響を与え、色温度が低く照度が低い場合には暖かで落ち着いた雰囲気となり、色温度が高く照度が高い場合には爽やかで活動的な雰囲気となりやすい。

【参考】引っ掛けシーリング
住宅に使用される照明器具用の天井配線器具。左にねじるとはずれ、右にねじると引っ掛かって照明器具が固定される。同種のものにローゼットがあり、器具固定のためのビス穴が開いた耳が付いている。

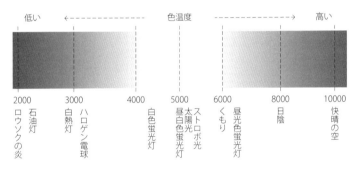

図5.6　色温度

　照明の光の影響で物の色が異なって見えることがある。自然光が当たったときと同じような色を、照明の光で物体を照らしたときにどの程度再現しているかの程度を演色性と呼び、平均演色評価数（Ra）で、評価される。
　照度、色温度、演色性は見え方への影響が大きく、照明設計においては十分に留意しておくべき事項である。
①光源
　過去には白熱電球と蛍光灯が多く使用されていたがLED照明が急速に普及している。
●白熱電球
　内部にアルゴンガスを封入しているが、白熱電球の系統の一種であるハロゲン電球は微量のハロゲンガスを封入しており、白熱電球よりも寿命が若干長く、ランプ効率もやや高い。

図5.7　LEDランプ

白熱電球は、エネルギー消費が多く寿命も短いが安価で入手しやすく、色の再現性がよい。調光も技術的に簡単に行うことができる。光への変換効率の悪さから近年は使用が制限されてきており、特殊な部位以外では使用されなくなってきている。

● 蛍光灯

蛍光灯は寿命が長く消費電力が小さいが、白熱電球に対して管球が高額で、白熱電球と比較して照明器具も若干高額となる。

ガラス管に電極を設け、ガラス管の中にはアルゴン、ネオン、クリプトン等の不活性ガスと微量の水銀を封入している。ガラス管内面には蛍光体と呼ばれる紫外線を可視光に変える粉末が塗ってある。電極に高電圧を加えることによって放電させ、電極から出た電子が蒸気状の水銀原子に衝突してエネルギーを与え、水銀原子から紫外線を発生させる。この紫外線が、内面に塗られた蛍光体にエネルギーを与えて、光を放射する。

構造上、内部に水銀が使用されているため、環境を汚染しないように廃棄方法に注意を要する。

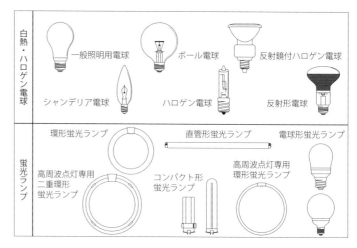

図 5.8　光源の種類

● LED

半導体素子に電流を流すことで発光させる光源である。一般的に照明用に使用される白色 LED は、青色光を発生させ、黄色の蛍光体で一部の青色光を黄色光に変換し、元の青色光と合成することで、擬似的に白色の光を発生させるものが主流である。光源となる素子が小さいので、光の向きを制御しやすく光学的にも効率のよい照明器具を製作できる。

光源となる素子は熱に弱く、小さく、放熱に必要な面積を確保しにくいため、アルミ製の放熱板を設けているものもある。

以前は色の再現性に課題があったが、現在では改良が進み、この問題がほぼ解決されている。値段は高いが、それ以上に効率がよく長寿命であり、光源の主流は短期間で LED になった。

⑤照明器具の形状

室内の照度を確保する際に、部屋全体の基本的な照度を全般照明により確保し、作業をする際に照度を補う目的や演出のため付加的に補助照明を使用する（図5.9、表5.3）。

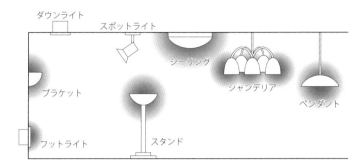

図5.9　照明器具の取付け高さと形状

表5.3　照明器具の概要

名　称	形　状
シャンデリア	天井から吊り下がっていて、電球が何個も付いている照明器具
シーリング	天井面に直接取り付ける照明器具
ペンダント	吊り下げ型の照明器具。ワイヤーなどにより吊り下げられる
ブラケット	壁面に直接取り付ける照明器具
スポットライト	特定方向に光を向けて照らすことができる照明器具。取り付け位置がダクト上で移動できるものがある
ダウンライト	開口径の小さい埋め込み型の照明器具。さまざまな配光がある
スタンド	床や家具に置いて使用する移動可能な照明器具
フットライト	足元を照らすために壁面に取り付けられる照明器具

②スイッチ

部屋の入口の脇には照明のスイッチを設置し、必要なときに照明を点灯させることができるようになっている。大人から子どもまでが使用するため、床上110〜120cm程度の高さに設置し手が届きやすいようになっているが、高齢者により使いやすいように床上90〜100cm程度の高さに設置される場合もある（図5.10）。スイッチ部分の大きさも住宅では操作しやすいよう大型のものが主流になってきている。

スイッチの機能面では、単純にON/OFFするものに加え、さまざまな付加機能を持ったスイッチがある（表5.4、図5.11）。

【参考】ユニバーサルデザイン
スイッチやコンセントは、人が触って操作する頻度が高いため、高齢者や子ども、外国人の人にでも操作がわかりやすく、操作しやすく、安全に使用できる必要がある。これらを広く一般的に反映するデザインをユニバーサルデザインといい、住宅だけでなく建築全般にかかわるさまざまな部分で重要なテーマとなっている。

表5.4　スイッチの種類

名　称	形　状
ほたるスイッチ	スイッチがONのときには消え、OFFのときに内蔵のランプが光るスイッチ。夜中に真っ暗でもスイッチの位置がわかる
パイロットスイッチ	ほたるスイッチの逆で、スイッチがONのときに内蔵のランプが光るスイッチ。照明が直接見えない場所に使い、ON状態を確認できる
調光スイッチ	照明器具を調光するためのスイッチ。スライド式やロータリー式がある
タイマー付きスイッチ	タイマー機能を組み込んだスイッチ。トイレや浴室の換気扇等に使用され、照明と同時にONになるが、OFF操作で照明が消灯したあと、設定時間経過後に換気扇がOFFになる
留守番スイッチ	設定した時刻に自動で照明がON/OFFするタイマー機能付きのスイッチ。留守時に在宅を装い、簡易防犯効果を期待できる
熱線センサー付き自動スイッチ	人の動きを感知して自動でON/OFFするスイッチ。玄関などに設置される

ホタルスイッチ／パイロットスイッチ

調光スイッチ

留守番スイッチ

図5.11　スイッチの形状

d. コンセント設備

①コンセントの高さ

　床からコンセントの中心までを25〜30cmの高さに設置するが、掃除機用などの頻繁に抜き差しする部分については、かがむ動作が楽なように床からコンセントの中心までを30〜40cm程度の高さにする（図5.10）。

②コンセント数

　さまざまな生活パターンにおいて使用する電化製品を接続できるように、部屋の用途や大きさに応じたコンセントの設置数が必要となる。標準的なコンセントの設置数の目安を表5.5に示す。分電盤の同一の回路に接続されるコンセントの施設数は8か所以下とするよう勧告されている。

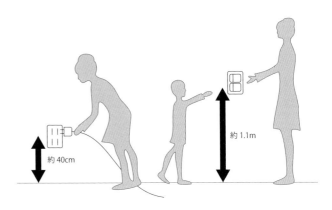

図5.10　スイッチとコンセントの設置高さ

表5.5　場所ごとのコンセント数

場所		コンセント設置数（個）	
		100V	200V
台所		6	1
食事室		4	1
個室など	5m²（3畳〜4.5畳）	2	−
	7.5〜10m²（4.5畳〜6畳）	3	
	10〜13m²（6畳〜8畳）	4	1
	13〜17m²（8畳〜10畳）	5	
	17〜20m²（10畳〜13畳）	6	
トイレ		2	−
玄関		1	−
洗面・脱衣所		2	1
廊下		1	−

【参考】コンセントと接地

コンセントには接地端子が用意されているものがある。
接地とは、大地と電気的に接続されることをいう。接地は感電防止のために必要となる。洗濯機や冷蔵庫、電子レンジなどの金属筐体を接地端子に接続することで、漏電した場合にも、大地に漏電した電気を逃がし感電を防止することができる。

③コンセントの形状

使用できる最大電圧、最大電流によりコンセントの差し込み口の形状が異なっている。住宅において一般的なものは、100V 15Aの2極コンセントである（図5.12）。洗濯機、電子レンジ、冷蔵庫、エアコン、温水洗浄式便座等のコンセントについては、接地極付きのコンセントを使用することとなっている。

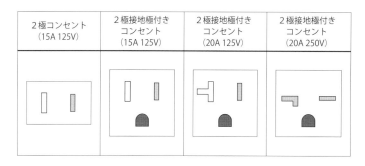

図5.12　コンセントの種類と形状

(2) 情報・通信設備等の機器

a. 情報通信設備

①アナログ電話回線

住宅でのもっとも基本的な通信回線はアナログ電話回線である。建物の外壁や敷地内に電力の引込点を設け通信事業者からアナログ電話回線を引き込む。電話番号の発信方法の違いでダイヤル回線とプッシュ回線の2種類がある。

アナログ回線と言っても電話局側では回線のデジタルネットワーク化を進めておりアナログの電話回線網は廃止されることが決定している。

【参考】インターネット
1995年に発売されたWindows 95の登場により一般に広く普及した世界を結ぶネットワークである。2010年での利用率は90%を超えている。歴史は浅く、現在も急速に発展中である。
今後もインターネット環境については、激しく変化していくと予想される。

【参考】電話回線のIP化
音声信号をアナログで送信すると同時通話数分だけの回線が必要になる。
音声は情報量が少ないためデジタル化してネットワークを通じて通信すると多数の通話を少ない回線に集約でき、インターネットなどのデジタル情報と同じ設備で扱えるようになる。

② ISDN

　ISDNとは、電話回線をデジタル回線化することで、FAXやデータ通信等を統合して扱えるようにした通信回線。ASDLや光回線の普及に伴い、家庭でISDNを利用することはなくなり、廃止が決定している。

③ ADSL（Asymmetric Digital Subscriber Line）

　ADSLとは、アナログ電話回線を利用した高速なインターネット接続を実現する技術である。データ通信に電話で使用する音声帯域より高い周波数を使用することで、1つの回線を音声通話とデータ通信の両方で共用できる。電話局から利用者方向（下り）の通信速度は1.5～約50Mbps、その逆の利用者から電話局方向（上り）の通信速度は0.5～約12Mbpsと、通信方向によって最高速度が違っている。電話回線網のデジタルネットワーク化のためこちらも廃止の方向に動いている。

④ 光ファイバー回線

　光ファイバー回線とは、光ファイバーケーブルを使った高速なインターネット接続回線のことである。光ファイバーとはガラスやプラスチック製の非常に細いケーブルで、光により情報を伝える。

　光ファイバー回線を使用するには、電話回線とは別に光ファイバーを建物に引き込む必要がある。光IP電話という電話を使用できるサービスも提供されており、従来のアナログ電話回線での電話番号を引き継いで使用することができ、通話料金を安価にすることができる。光ケーブルを通じてデジタルテレビ放送波を提供するサービスも存在する（図5.13）。

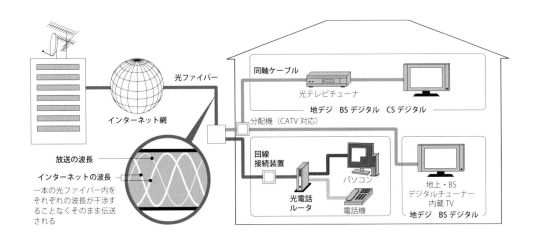

図5.13　光ファイバー回線の引込み方

b. テレビ受信設備

テレビ受信設備では、アンテナから受信したUHF放送、BS放送、110度CS放送などの電波をブースターにて増幅し、分配器により受信箇所数に応じて分配し、各受信箇所で必要な電波の強さを確保する。地上波放送のデジタル化により、大都市でも電話障害が発生しにくくなったが、ビルの影になり電波を受信できない状況が発生する場合にはCATVを受信する場合もある。CATVとはテレビの有線放送サービスで、専用ケーブルを引き込んで、テレビ放送を受信する。

【参考】2K、4K、8K
地上波のデジタル化に伴いテレビ映像の高解像度化が一気に進展した。地上波での放送は2K（1920×1080）の解像度が最大だが、今後衛星放送では4K（3840×2160）や8K（7680×4320）の放送が計画されている。

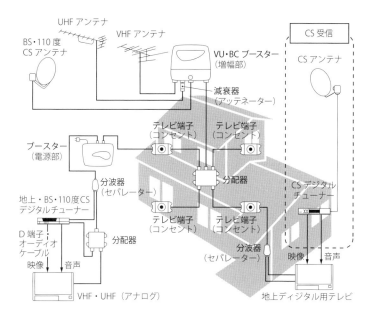

図5.14　テレビ受信設備の仕組み

c. インターホン

従来は、通話機能のみのインターホンが使われていたが、現在はカメラ付きの子機を設置し、親機で訪問者を確認できるテレビモニター付きドアホンが多く使用されている。受話器タイプよりハンズフリーのタイプの親機が主流となっている（図5.15）。

【参考】初期のインターホン
現在は電話のように同時通話が当たり前だが、初期のインターホンでは子機のボタンを押している間だけ通話でき、相手は聞くことだけができるシステムであった。

カラーカメラ玄関子機　カラーモニター親機　ワイヤレスモニター子機

図5.15　テレビモニター付きインターホン

6 戸建て住宅の防災・防犯設備

6.1 防災設備

(1) 住宅用火災警報器

住宅における火災の発生を早期に感知し、警報する設備である。住宅用火災警報器には、煙を感知するものと、熱を感知するものがある。

通常の警報器は単体で鳴動するが、相互に配線を接続することにより、どこかの警報器が動作すると、すべての警報器を鳴動させることができる連動型のものもある。連動型には、無線信号で相互連動を行い、電源を電池式にすることにより配線工事を不要としたワイヤレス連動型も製品化されている。

(2) ガス漏れ警報器

ガス漏れ警報器は、センサーがガス漏れや不完全燃焼によって生じた一酸化炭素（CO）を検知して、警報を発する。空気より軽い都市ガスでは天井から30cm以内に、また、重いLPガスでは床から30cm以内に取り付ける（図6.2）。一酸化炭素のみを検出するタイプは不完全燃焼警報器と呼ぶ。

【参考】警報器の仕組み
煙式警報器は内部でLEDが発光しており、通常時は受光部に光が届かないようになっているが、内部に煙が入ると光が乱反射して受光部に到達するようになり検知する。熱式警報器は熱膨張率が異なる金属を組み合わせたバイメタルが熱に反応して変形に機械的にスイッチが作動することで検知する。
水蒸気が発生するキッチンでは誤動作するため熱式を使用する。

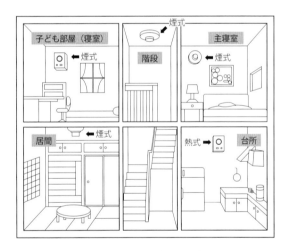

図6.1 住宅用火災警報器

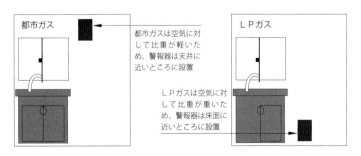

図6.2 ガス漏れ警報機の設置場所

6.2 防犯設備

(1) 監視カメラ設備

監視カメラ設備は、夜間や留守中の防犯対策として設置され、撮影動画をレコーダーに取り込むシステムである。最近では、監視カメラをデジタル伝送化したネットワークカメラが普及しており、インターネットを通じて、外出先からカメラの撮影映像を見ることも可能である。防犯の目的だけでなく、子どもや高齢者、病人の状態を外出先から確認する目的で、監視カメラが使用されるようにもなってきている。

(2) ホームセキュリティ

ホームセキュリティとは、住宅に設置する防犯設備全般を指す場合もあるが、主には警備会社等と契約し、防犯センサーや火災感知器、ガス漏れ検知器などを設置してもらい、これらが動作した場合に契約している警備会社に情報が伝わり、警備員が駆けつけるサービスやシステムのことをいう（図6.3）。

法律により、警備会社は異常を感知、受信してから25分（地域によっては30分）以内に警備員を現地（自宅）まで到着させるように、警備員、待機所および車両そのほかの装備を配置することとされており、確実なサービスが期待できる。

図6.3 ホームセキュリティのシステム

7 戸建て住宅の省エネルギー・環境技術

(1) 断熱・気密を確保する

　寒さの厳しい冬であっても快適に過ごすには、室内が暖かく保たれる必要があり、この実現には、床・壁・天井、ガラス窓・玄関の出入口など、建物と外気の境目をしっかりと断熱し、かつすきま風が入らないよう気密化に努めることが必須である。また、窓の断熱はサッシ枠を含めて特に重要で、複層ガラス（図7.1）を基本として、Low-E（低放射）ガラスや樹脂サッシの採用が望ましい。寒冷地では、二重サッシや三重ガラスなどが用いられることもある。

図 7.1　複層ガラスの種類

(2) 日射遮蔽と窓ガラスの選択

　南側窓には、夏期に直接日射が入らない程度のひさしや軒（のき）、あるいは窓外にルーバーやブラインドなどを、季節・時間ごとの太陽位置を考慮しながら設けることが重要である。また、西日対策には、建物外部に軒下から垂直方向に伸びるサイドフィン（袖壁）などを設けると効果的である。

図 7.2　日射コントロールのスタディ

ひさしの出幅が、窓下端からひさしの高さの0.3倍以上であれば、盛夏期にガラス面から入射する日射の約半分を遮ることができる。さらに、日射透過率が低いガラスを採用したり、明色のブラインドやカーテンを用いることも、日射の遮蔽に効力を持つ。

(3) 風通しを考えて窓の位置を決める

室内に外部の風を有効に取り込むには、部屋の2方位（例えば南と北、南と東など）以上の壁に窓を設ける必要がある。2方位に窓が設置できない場合でも、各部屋のドアや戸を開け放つ、あるいは換気用の欄間を設けてこれを開ける、などして空気の流れ道を2方位以上に確保できるよう、あらかじめ考えておくことが重要である。

初夏や晩夏などは、外気温度によって窓開けによる排熱換気により冷房に頼らず室内を快適に保つことができる。暖かい空気は室内の上部に溜まるため、高所に開閉窓を設けると熱気を効率よく建物から逃がすことができる。高所と低所の窓を同時に開けると、建物内の上下温度差によって涼しい空気を低所窓から居住空間に取り込み、熱気は高所窓から逃がすという大きな空気循環が形成され、自然換気を促進させることができる。

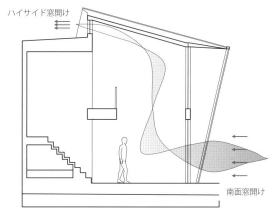

図7.3 室内空気の流れのスタディ

(4) 日射を活用した暖房

建物南面に大きな窓を設けるのは日本家屋の伝統的な計画手法である。これは、南外壁面にあたる日射量が夏は少なく、冬はおおよそ、その倍程度多くなることが理由である。

南向きに大きな窓を設け、これを建物の壁や床に蓄えて夜間にも利用すれば、暖房エネルギー消費の削減に貢献できる。しかし、冬の夜間はこの大きな窓からの熱損失が増大するため、ブラインドやカーテン等を積極的に活用して、窓回りの断熱性の向上に注力する必要がある。

(5) 太陽熱による暖房

太陽熱を利用した暖房では、太陽熱集熱器を用いて太陽熱を集めるが、この集熱媒体としては、水（または不凍液）と空気に大別できる。一般的には、屋根に備えつけた集熱器によって太陽熱を集熱し、暖房に利用する。

太陽熱は日中しか得られないため、これを夜間や翌日まで利用するために蓄熱する必要がある。空気式集熱では、集熱した暖気を床下コンクリートなどの蓄熱媒体に蓄える。水（または不凍液）で集熱する場合は、蓄熱水槽に温水として熱を蓄えて利用する。

基本的な利用方法は床暖房の加熱源であり、多くの場合、熱が不足する場合に備えて補助熱源を付設する。また、夏季に得られる集熱は、給湯に利用される。

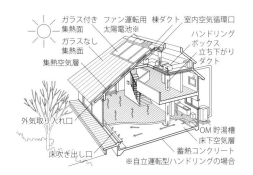
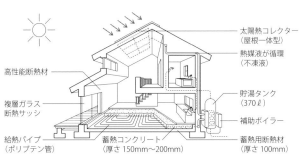

図7.4　床下に蓄熱コンクリートを持つ計画例

(6) クール／ヒートチューブ

土壌の温度が外気温よりも夏に冷たく、冬に暖かいという性質を利用して、建物への取入れ外気を冷やしたり、暖めたりすることができる。これはクール／ヒートチューブなどと呼ばれ、敷地内の土中に埋設したダクト配管に空気を通過させるという単純で比較的低廉な手法である。

この手法は換気に伴う冷暖房エネルギーの削減に貢献するとともに、25℃前後となる夏の吹出し空気を使って室内を涼房することもできる。

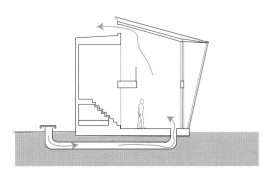

図7.5　土中に埋設されるダクト配管とその仕組み

（7）太陽熱で湯をつくる

太陽熱で湯をつくるには、太陽熱集熱器を利用する。自然循環で水を貯める太陽熱温水器と、ポンプにより水などを強制循環させて集熱する太陽熱給湯システムなどがある。湯の利用先は、年間を通じて需要がある給湯が主で、暖房に用いる場合もある。

平板型太陽集熱器の集熱効率は、おおよそ40〜50％程度、太陽電池のセル変換効率は、市販の高効率のもので2％程度である。外観上は両者の見分けはつきにくいが、同面積に当たった太陽エネルギーの熱・電気へのエネルギー変換効率は、熱利用のほうが圧倒的に高い。

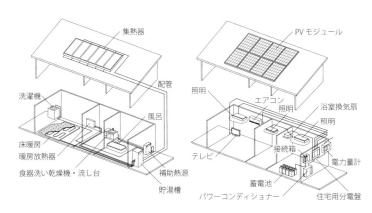

図7.6　太陽熱利用　　　　図7.7　太陽光発電

（8）地中熱利用

深さおよそ10m以上の地中温度は、年間を通じて安定しているため（各地域の年平均外気温程度）、この熱を冷暖房の熱源などに活用する自然エネルギー利用システムが多数提案されている。活用形態としては、土中にチューブを埋設して土壌と水を熱交換するか、もしくは井水を汲み上げてヒートポンプの熱源として活用するシステムが主流である。通常、エアコンの室外機は外気と冷媒の熱交換を行うが、地中熱の場合は、土壌と熱交換をしたあとの水と冷媒で熱交換を行う。

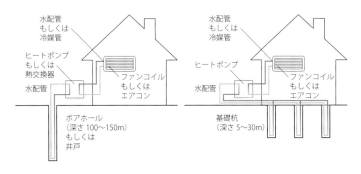

図7.8　ヒートポンプによる地中熱利用の仕組み

(9) 太陽光発電

　太陽光発電システムは、太陽電池モジュールとパワーコンディショナーから構成される。屋根に架台を取り付け、その上に太陽電池モジュールを設置し、発電した直流電力を交流電力に変換するパワーコンディショナーを、屋内あるいは屋外の壁面に取り付ける。発電した電力は電力会社から引き込んだ電力と接続され、住宅内では日照の状況によらず電力を使用できる。また、昼間に発電し家庭で使って余った分の電力は電力会社に売ることができる。

　3kWのシステムの場合、太陽電池モジュールの設置面積は約20〜30㎡で、重さは架台などの設置部材を含めて300〜450kg程度となり、ほとんどの既設住宅でも設置可能である。3kWシステムを設置すれば、一般的な住宅で使用する電力の55%程度を太陽光発電でまかなうことが可能になる。

　太陽光発電の導入量の増大を促すため、購入する電力の単価より、余剰電力の売電単価を高く設定し、一定期間の買取りを義務づける制度が設けられている。

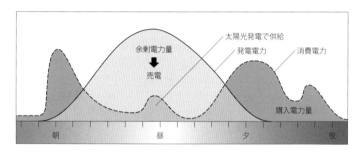

図7.9　1日の発電電力量と消費電力量（太陽光発電協会）

(10) HEMS (Home Energy Management System)

　通常、住宅で生活している際、目に見えないため、消費エネルギー量を意識することは少ない。HEMS（ヘムスと読む）は、見えない消費エネルギー量を見えるかたちで表示し省エネルギー行動を促したり、住宅内の家電機器や給湯機器など住宅内のエネルギー消費機器をネットワーク化し、自動制御することで省エネルギー化を図るシステムである。

　HEMSの省エネルギー効果だけではHEMSの導入費用が回収できないため、現状は価格競争力が弱く、魅力的な付加機能や低コスト化の研究が進められている。

表7.1　HEMSの現状：商品とサービス一覧

分類	機能	
表示系 HEMS	エネルギー使用状況のモニタリング	電気使用量と料金の表示
		機器運転状況の表示
制御系 HEMS	家庭内機器全体の操作	ホームネットワークによる遠隔操作
		ホームネットワークによるピーク制御

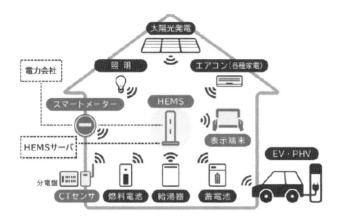

図7.10 HEMSの仕組み（国立環境研究所）

> **【参考】戸建て住宅の省エネと大型家電機器の使用電力量**
>
> 戸建て住宅でエネルギーを消費するのは主に住宅内に持ち込まれた電気製品である。このため戸建て住宅での省エネルギーの進展は大型家電機器の省エネ化に負うところが大きい。年間の通じた使用電力量が大きいエアコン、冷蔵庫、テレビでは使用電力量が1/2程度になっている。
>
> エアコン、冷蔵庫という熱を調整する機器については、コンプレッサという主要構成機器の高効率化とインバーター化、照明やテレビにおいては光源のLED化という技術革新があったことにより実現されている。

事務所ビルの設備

1 事務所ビルの設備の概要

1.1 事務所ビルの設備の概要

事務所ビルの設備は、①給排水・衛生設備、②空調・換気設備、③電気設備、④搬送設備、⑤防災設備に分類できる。

①給排水・衛生設備

・給水設備

　公共の水道本管から上水を引き込み、受水槽や高置水槽を経由して、建物内の各水栓に供給する設備である。

・排水・通気設備

　汚水、雨水を下水道本管まで排出する設備である。各衛生器具に排水された排水は、勾配をつけた排水管内を自然落下によって、公共の下水道本管に排出される。通気設備は、排水管内の排水の流れをスムーズにするために、排水管内に空気を流入させる設備である。

・給湯設備

　加熱装置を使用して、湯を各給湯栓等に供給する設備である。局所給湯方式の場合は、給湯室など湯を使う場所に、電気温水器などの加熱装置を設置して、給湯栓に湯を供給する。

②空調・換気設備

・熱源設備

　電気や都市ガスを使用して、冷房または暖房、加湿または除湿し、室内の温熱環境をある一定の値に維持するために必要な熱を製造する設備である。冷凍機、ボイラー、ヒートポンプ、冷却塔などの機器がある。

・水（熱）搬送設備

　熱源設備で製造した熱を空調機器まで搬送する設備であり、ポンプ、配管から構成される。熱を運ぶ媒体としては、一般に水が使用される。

・空調・換気設備

　室内の温熱環境および空気質をある一定の値に維持するための空調設備と、トイレや洗面所の臭気や水蒸気の除去、機械室の熱の排除などを目的とした換気設備で構成される。

③電気設備

・電源設備（受変電設備）

　電力会社から電力を受電し、建物内で使用する電圧に変換する設備である。電力会社が停電した際の予備電源として、発電機設備や直流電源設備がある。

・配電設備

　受変電設備から建物内に電気エネルギーを供給する設備で、主要供給ルートの幹線設備、末端の機器（照明や空調など）へエネルギーを分配する分電盤などがある。

・照明設備・コンセント設備

　室内を適切な視環境に保つための照明器具、OA機器等へ電気を供給する配線、コンセントなどの設備である。

・通信・情報設備

　音声やデータなどの情報を伝達する設備で、電話、ネットワーク、放送、テレビ、防犯などに関連する設備がある。

・雷保護設備

　落雷による被害を防ぐための設備で、建物を保護するものと情報通信機器を保護するための設備がある。

④搬送設備

　エレベーター、エスカレーターなど人や物を搬送する設備である。

⑤防災設備

　火災による煙が拡散することを防止する排煙設備、発生した火災を消火させるための消火設備、火災の発生を知らせる自動火災報知設備、室内の人を外部へ避難することを支援する避難誘導設備などである。

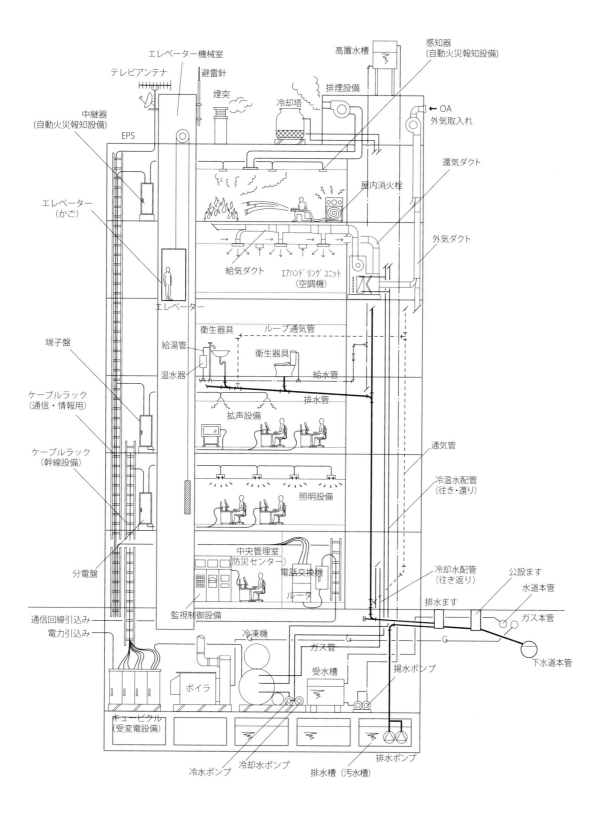

図 1.1 事務所ビルの建築設備の概要

1 事務所ビルの設備の概要

2 事務所ビルの給排水・衛生設備

2.1 給排水・衛生設備のつながりと構成

　事務所ビルの給排水・衛生設備とは、公共の水道本管からの上水を、建物内の衛生器具に供給し、利用者が利用した排水を公共の下水道本管に排出するための設備である。給排水・衛生設備は、給水設備、給湯設備、排水・通気設備からなる。近年は、雨水や雑排水を再利用する中水設備も普及している。給排水・衛生設備の目的は、建物内で使用する水環境および排水後の水環境を、衛生的で、快適に保つことである。給排水・衛生設備には、さまざまな方式があるが、もっとも一般的な方式として、高置水槽方式を例に、給排水・衛生設備のつながりを説明する。

◆給水設備

　公共の水道本管より引き込んだ上水を、利用者が水を使用する衛生器具の水栓まで運ぶ設備である。水道本管から引き込まれた上水が、給水管を通り、建物内の受水槽に蓄えられる。次に、揚水ポンプによって、受水槽から揚水管を通り屋上の高置水槽に運ばれる。高置水槽に蓄えられた上水は、利用者が水栓を開けると、給水管を通して、重力によって各水栓に供給される。

◆給湯設備

　電気温水器、ガス給湯機等の加熱装置を使用して、上水を加熱し、衛生器具の水栓の給湯栓に湯を供給する設備である。給湯室や便所の手洗いなどでは、給湯栓の近くに加熱装置を設置する局所給湯方式が採用される場合が多い。

◆排水・通気設備

　利用者が使った後の排水（汚水、雑排水）や雨水を下水道本管まで排出するための設備である。排水は、基本的には排水管に勾配をつけ、排水の自然落下によって排出する。通気設備は、排水管内の排水の流れをスムーズにするために、排水管の上流側に、大気に開放された通気管を接続し、排水管内に空気を流入させる設備である。排水を下水道本管に直接排出せずに、一時的に建物内の排水槽に蓄え、排水ポンプで下水道本管に排出させる場合もある。

表2.1　給水・給湯・排水・通気設備の概要

構成要素		概　要
1. 給水設備		
	a. 給水引込管	公共の水道本管から上水を引き込み、受水槽に給水する配管
	b. 受水槽	水道本管から、敷地内に引き込んだ上水をいったん貯水するためのタンク
	c. 揚水ポンプ	受水槽の上水を、屋上などの高置水槽に移動させるためのポンプ。給水ポンプとも呼ぶ
	d. 揚水管	受水槽の上水を、屋上などの高置水槽に移動させるための配管
	e. 高置水槽	水栓よりも高い位置に設置し、重力式給水によって、各水栓に上水を供給するためのタンク
	f. 給水管	高置水槽からの上水を、各水栓に移動させるための配管
	g. 衛生器具	給湯室や便所の水栓などの上水を吐水・止水し、使用する器具
2. 給湯設備		
	a. 加熱装置	上水を電気、ガスなどを使用して、加熱し、湯をつくる設備。電気式加熱装置には、電気温水器、ヒートポンプ給湯機などガス加熱装置には、ガス給湯機などがある。
	b. 貯湯槽装置	つくった湯を、蓄えておく水槽。電気温水器では、貯湯槽が一体となったものが多い。
	c. 給湯管	加熱装置や貯湯槽の湯を給湯栓などの衛生器具に送るための配管
	d. 衛生器具	具給湯室や便所の給湯栓など、湯を吐水・止水し、使用する器具。水と湯を同時に使用する混合水栓が多い。
3. 排水・通気設備		
	a. 排水器具	洗面器具、便器など水受けを持ち、排水管に排水を流す器具
	b. トラップ	排水管内の空気が室内へ侵入するのを防ぐための水封部を持つ装置
	c. 排水管	排水を排水本管まで、流すための配管
	d. 通気管	排水管内の排水をスムーズに流すために、排水管内に空気を流入させる配管
	e. 排水槽	下水道本管への排水量を調整、または排水を再利用するために、一時的に蓄えておく水槽
	f. 排水ポンプ	排水槽の排水を下水道本管へ排水するためのポンプ

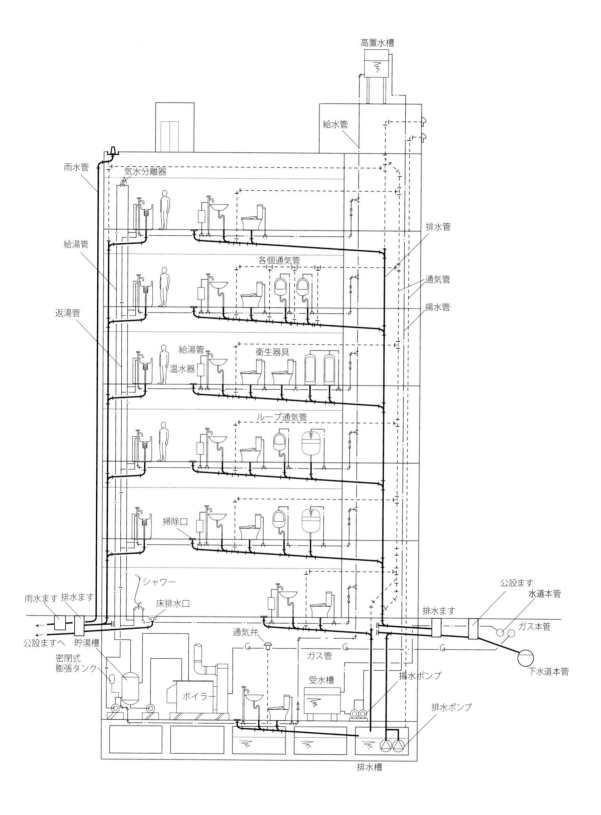

図 2.1 事務所ビルの給排水・衛生設備の概要

2 事務所ビルの給排水・衛生設備

2.2 給排水・衛生設備の構成機器

(1) 給水設備

代表的な給水設備方式として、高置水槽方式の給水設備について解説する（図 2.2、図 2.3）。

敷地外の公共の水道本管から上水を受け入れ、建物内の衛生器具の水栓に上水を供給する高置水槽方式は、受水槽、揚水ポンプ、揚水管、高置水槽、給水管を通して、手洗いなどの水栓や、便所の洗浄弁などの衛生器具に、上水が供給される。

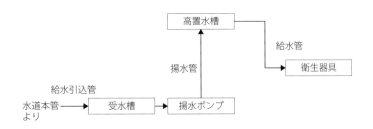

図 2.2　給水設備のつながり

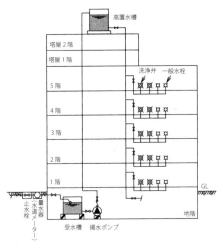

図 2.3　高置水槽方式

a. 給水引込管

浄水場からの上水が供給される公共の水道本管より、敷地内に上水を受け入れる配管である。河川、貯水池などから取水された原水は、浄水施設で水道法により定められた水質基準に浄化され、上水管によって建物の敷地付近まで供給される。建物敷地付近の水道本管（配水管）につながった建物の給水引込管によって、止水栓、量水器を経て、建物内へ上水が供給される。

b. 受水槽

給水引込管より供給された上水を、いったん貯めておく水槽である。一般に、受水槽の容量は、建物での１日の使用水量の1/2程度とする場合が多い。定期点検や清掃時にも受水槽が使用でき

るように、複数の水槽を設置するか、1基の場合は内部を2槽以上に区切り、分割しておくことが望ましい。受水槽は、FRPパネルやステンレス製の水槽が使用され、汚染防止のために、地下ピットなど建築躯体を利用することはできない。また、受水槽の設置は、6面点検（周囲のすべての面を点検）できるように、水槽の上部に1.0m以上、側面と下部は0.6m以上の空間を確保して設置する必要がある（図2.4）。

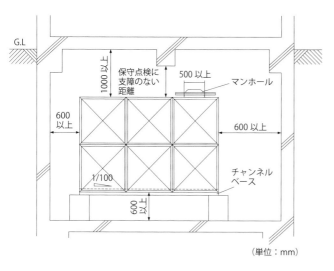

図2.4　受水槽の設置

c. 給水ポンプ

受水槽の上水を、高置水槽へ揚げるためのポンプである。高置水槽への揚水量と受水槽から高置水槽までの全揚程[1]より、設備容量（ポンプの能力）が決定される。主なポンプとしては、渦巻きポンプ、ラインポンプ、水中ポンプなどがある。揚水量は、時間最大予想給水量やピーク時最大予想給水量を用いることが多い。時間最大予想給水量は、1日のうちもっとも水が使用される1時間に使用される水量である。ピーク時最大予想給水量とは、15分程度継続する最大給水量である。給水ポンプの形式の例を図2.5に示す。

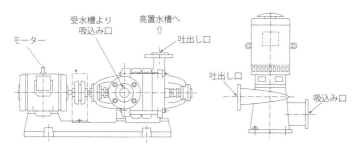

図2.5　給水ポンプの例

1) 全揚程

ポンプが水を汲み上げる高さ。吸込み水面から、吐出し水面までの高さ（実揚程）に、配管などの摩擦損失水頭を加えたものを全揚程という。

【参考】給水設備の設備容量の算定

予想給水量

- 1日の水使用量 Vd [L/日]
  $Vd = 60 \sim 100$ [L/人・日]（事務所ビルの場合）
- 1日の使用時間 T [h]
  $T = 9$ [h]（事務所ビルの場合）
- 時間平均予想給水量
  $Qh = Vd/T$ [L/h]
- 時間最大予想給水量
  $Qm = k_1 \cdot Qh$ [L/h]
  k_1 は1.5～2.0程度とする場合が多い。
- ピーク時予想給水量
  $Qp = k_2 \cdot Qh/60$ [L/min]
  k_2 は3.0～4.0程度の値とすることが多い。

受水槽容量の算定

- $Vs \geq Vd - Qs \cdot T$
- $Qs \cdot (24 - T) \geq Vs$
  ここで、
  受水槽の有効容量 Vs [m³]
  1日の水使用量 Vd [m³/日]
  配水管などの水源からの給水能力 Qs [m³/h]
  1日の使用時間 T [h]

高置水槽容量、揚水ポンプの算定

- $Ve \geq (Qp - Qpu) \cdot T_1 + Qpu \cdot T_2$
  ここで、
  高置水槽の有効容量 Ve [L]
  ピーク時予想給水量 Qp [L/min]
  揚水ポンプの揚水量 Qpu [L/min]
  ピークの継続時間 T_1 [min]
  揚水ポンプの最短運転時間 T_2 [min]

一般的には、Qpu を時間最大予想給水量程度、T_1 を30min程度、T_2 を10～15min程度にしている。

配管径の算定

配管径の算定には、ダルシー・ワイズバッハの式、またはヘーゼン・ウイリアムスの式による配管の流量線図が使われている。直管以外の継手、弁類などによる摩擦圧力損失は、一般に、これらと等しい摩擦損失圧力を生ずる同径の直管の長さに換算した相当管長として、直管の長さに加算して算出する。

【出典】『給排水衛生設備計画設計の実務の知識』（空気調和・衛生工学会）

2) ウォーターハンマー

配管内の水が、水栓などによって急に止められると、配管内の水の圧力が急激に増加し、増加した圧力が、水栓とポンプや水槽などの給水源との間を往復しながら減少してゆくものである。配管内の水の圧力が往復によって、配管などをハンマーで打ったように振動させて、衝撃音が発生する。この振動によって、配管などが破損する場合もあるため、配管内の水の流速が大きくなりすぎないようにすることや、ウォーターハンマー防止器の設置などが必要な場合もある。

3) クロスコネクションと逆サイホン作用

上水は、人が飲む水であるので、決して汚染されてはならない。上水の汚染の原因として、クロスコネクションや逆サイホン作用により、一度吐水した水や上水以外の水が上水給水配管へ流入することなどがある。
クロスコネクションとは、飲料水の給水・給湯系統とそのほかの系統が、配管・装置により直接接続されることである。建築基準法施行令に、飲料水の配管設備とそのほかの配管設備とは、直接連結させないことと規定しており、クロスコネクションを禁止している。
逆サイホン作用とは、主管の断水時、下層階での水の大量使用、増圧ポンプの性能劣化などにより、上層階の飲料水配管内が負圧になり、吐水口から、水受け容器内の水が逆流することである。逆サイホン作用を防止するには、十分な高さの吐水口空間を設ける。

d. 揚水管

受水槽から揚水ポンプを経て、高置水槽に上水を揚げる配管である。管径は、ウォーターハンマー[2]を生じさせない管内流速である $1.5 \sim 2.0 \mathrm{m/s}$ となるように選定する。ウォーターハンマー（水撃作用）とは、配管内の流速が早くなり、水栓の急な閉止やポンプの停止時に、騒音や振動を生ずる現象である。

e. 高置水槽

屋上などに設置し、受水槽からの上水をいったん貯めておく水槽である（図2.6）。水が使用され水位が低下すると、揚水ポンプで、受水槽より上水が供給される。一般的に、高置水槽の容量は、建物での1日の使用水量の1/10程度とする場合が多い。高置水槽も、受水槽と同様、FRPパネルやステンレス製の水槽が使用される。高置水槽の設置には、6面点検可能な位置に設置する必要がある。

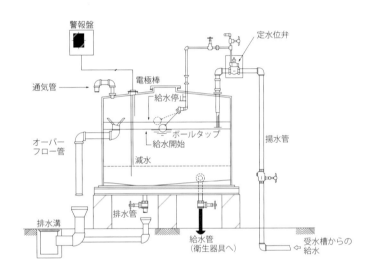

図 2.6 高置水槽

f. 給水管

高置水槽から、衛生器具までをつなぐ配管である。給水管は腐食が生じないように、硬質塩化ビニルライニング鋼管などの給水用合成樹脂ライニング鋼管、銅管、一般配管用ステンレス鋼管などが使われることが多い。配管設置経路の自由度が高い樹脂管として、ポリブデン管、架橋ポリエチレン管などが使用される場合もある。

上水の給水・給湯系統と、排水などのそのほかの系統が、配管・装置により直接接続されるクロスコネクションを防止する必要がある[3]。クロスコネクションを行うと、接続先の圧力が高くなった場合に、上水以外の系統の水が上水系統に逆流し、上水が汚染される可能性がある。または給水管内の圧力が低くなった場合に、逆サイホン作用により、同様の現象が生ずる可能性がある。

g. 衛生器具

　洗面器、大便器、小便器など、上水を使用する器具を総称して衛生器具と呼ぶ。大便器にはいったんタンクに水をためる洗浄タンク方式と、給水管に直結する洗浄弁方式がある（図2.7）。事務所の大便器はタンクを持たない洗浄弁方式が多い。洗面器では、給水栓または給水管の吐水口端と、水面のあふれ縁との垂直距離を吐水口空間と呼ぶ。

　逆サイホン作用による上水汚染防止のために、洗面器などでは吐水口空間[4]の距離を、十分に確保し、断水等によって給水管内に負圧が生じた場合も、給水管内に逆流することを防止する必要がある。吐水口空間の距離は、水栓周辺の壁の状態、吐水口の内径または有効開口の内径により決定する。

4) 吐水口空間

水栓の吐水口から止水面までの長さをいう。

洗浄タンク方式大便器

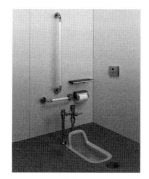
洗浄弁方式大便器

洗浄弁

洗面台

壁掛け小便器

ストール小便器

壁掛けストール小便器

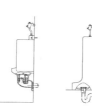
トラップ着脱式小便器　トラップなし小便器

図2.7　衛生器具の種類

(2) 給湯設備

　代表的な給湯設備方式として、局所給湯方式について解説する。給湯室や便所の手洗いなど湯を必要とする場所にガス給湯機、電気温水器などの加熱装置を設置し、湯を必要な場所に供給する方式である。給湯栓と加熱装置が近いため熱ロスが少ないが、加熱装置の台数が多くなり管理が難しくなる場合がある。給湯箇所が分散・孤立している場合や、給湯時間が異なる場所に適している。加熱装置は、瞬間式加熱装置と貯湯式加熱装置に大別される。

　瞬間式加熱装置は、ガス瞬間式給湯機などで、給水を直接湯沸器に通して、瞬間的に湯をつくる方式である。放熱ロスは少なく、貯湯タンクの設置場所が不要であり、一般的に省スペースとなる。ただし、加熱能力は、瞬時最大給湯量に等しくなるため、機器容量が過大となる場合がある。

　貯湯式加熱装置は、電気ヒーターなどで加熱した湯を、いったん貯湯タンクに蓄えて、湯を使用するときに給湯する方式である。瞬間的な多量の需要でも、供給可能である。ただし、貯湯タンクからの放熱ロスがあること、貯湯タンク設置場所が必要などの短所がある。ガス給湯機は排気設備が必要となるため、事務所ビルの手洗いの給湯には、小型電気温水器による貯湯式加熱装置が採用されることが多い（図2.8）。

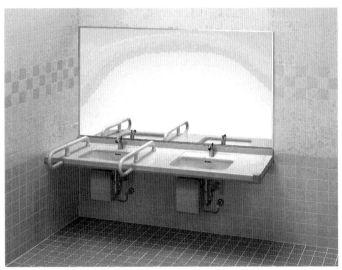

図2.8　壁掛け型電気温水器

(3) 排水・通気設備

排水・通気設備は、使用された後の水や汚物などの排水等を、安全かつ衛生的に公共下水道管まで排出する設備である。排水・通気設備のつながりを図2.9、図2.10に示す。衛生器具のシンクなどの排水器具から排出された排水等は、トラップを経由して、排水管内を自然流下し、敷地外の下水道本管に排出される。横管は自然流下により排水等を流出させる必要があるため、適切なこう配を設けて設置する必要がある。排水器具が、下水道本管より低い位置にある場合、または、排出量を一定にするために、排水を一時的に排水槽にたくわえ、排水ポンプで下水道本管まで搬出する場合もある。

【参考】
排水設備の設備容量の算定
排水槽容量
$V = (Q_p - Q_{pu}) \cdot T + Q_{pu} \cdot T_2$
ここで、
排水槽の容量 V 〔L〕
排水水槽へのピーク時予想流水量 Q_p 〔L/min〕
排水ポンプの揚水量 Q_{pu} 〔L/min〕
ピーク排水時の継続時間〔Lmin〕
排水ポンプの最短運転時間〔Lmin〕
一般に、Q_p はピーク時予想給水量とし、T_1 を30min程度、T_2 を5〜15min程度としている。

排水管径の決定
配水管径の決定は、器具排水負荷単位法または定常流量法で算出する。

最低必要水圧
衛生器具や給湯機には、適正な水圧で給水されることが必要である。水圧が低い場合、便器の洗浄が不足したり、給湯機が着火しないなどの可能性がある。そこで、衛生器具ごとに最低必要水圧があり、給水設備設計時は、各衛生器具の給水圧力が、最低必要水圧以上となるように計画する。また、水圧が高すぎる場合は、流しの水はねが大きかったり、ウォーターハンマーが起きて、器具や配管を破損させる場合もある。

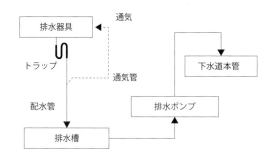

図2.9 排水・通気設備のつながり

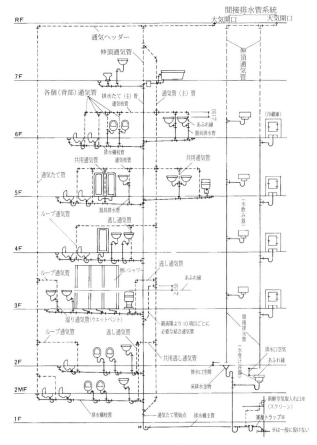

図2.10 排水・通気管の系統図

a. 排水器具

大便器、小便器、洗面器、シンクなどの水受けを持ち、使用後の排水を排水管などに流す器具である。排水口にトラップを内蔵している器具も多い。給水設備の衛生器具を参照。

大便器は洗浄方式により、洗出し式、洗落し式、サイホン式がある（図2.11）。

洗落し式は、水の落差による流水作用で汚物を押し出す方式で、もっとも構造がシンプルで安価。水たまり面が狭いため、ボール内乾燥面に汚物が付着しやすく、洗浄時に多少はねが発生することがある。

洗出し式は、便ばちに一時汚物をためておいて、洗浄の勢いにより汚物を排水管に洗い出す。水たまり面がかなり浅いためはね返が少ないが、臭気を発散しやすい。

サイホン式では、排水路内に満水にし、サイホン作用を起こして、汚物を吸引して排出する方式である。水たまり面が広くて深いため、汚物が水中に投入され、臭気の発散、汚物の付着が少ない。

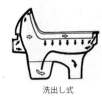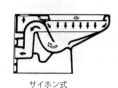

図2.11　大便器の種類

b. トラップ

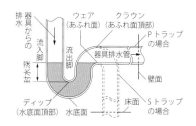

図2.12　排水トラップ各部の名称

トラップは、配水管内の悪臭などを伴う汚染空気が、室内に侵入するのを防止する設備である。トラップ内の水封部には、常時水がたまっており、この水封によって、配水管内の汚染空気が室内へ侵入することを防止している。トラップには、形状によりS型、P型、わん型、ドラム型などがある。排水トラップ各部の名称を図2.12に示す。

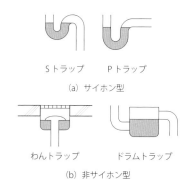

図2.13　トラップの種類

c. 排水管

排水器具から排水等を下水道管まで流すための配管である。排水は、動力を使わない重力排水を基本とするため、汚物を残さずに流すために、排水横管は、適切なこう配[5]をつけなければならない。

d. 通気管

排水管内の排水をスムーズに流すために、排水管内に空気を流入させる配管である。排水等によって誘引された空気によって、排水管内部に大きな気圧変化を起こす可能性があるため、排水管内を大気圧に保つために、排水管内に通気を行うのが通気設備である。

e. 排水槽

排水を中水として利用するため、または下水道管への流出量を調整するために、排水等をいったん蓄えておく水槽である。地下など排水器具が下水道本管より低い場合は、排水はいったん排水槽に流入し、排水ポンプによって、下水道管へ汚水として排出する（図2.14）。

下水道本管に排出された汚水は、公共下水道を通り、水処理施設に到達する。水処理施設で浄化処理した後、河川などの公共水域に放流される。

f. 排水ポンプ

排水槽内の排水を下水本管に排出するためのポンプである。排水ポンプは、排出とともに排出できる異物の大きさにより、汚水ポンプ、雑排水ポンプ、汚物ポンプに分類される。汚水ポンプは、ほとんどの固形物がない排水に用いられる。雑排水ポンプは、ストレーナーを通して、1～2cm未満の固形物が混入した排水に用いられる。汚物ポンプは、固形物が混入した排水に用いられる。

5) 排水横管のこう配

排水管の管径によってつぎのこう配以上とする。

管径	こう配（最小）
65A以下	1/50
75、100A以下	1/100
125A以下	1/150
150A以上	1/200

（参考文献：『給排水衛生設備計画設計の実務知識』）

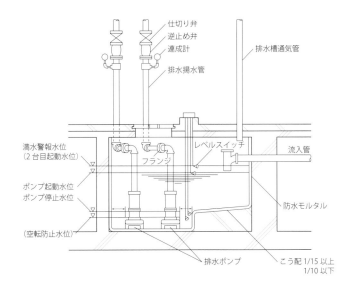

図2.14　排水槽と排水ポンプの設置例

2.3 給排水・衛生設備の方式と種類
(1) 給水設備

事務所ビルでの主な給水方式には、水道直結方式として、水道直結直圧方式、水道直結増圧方式がある（表2.2、図2.15）。受水槽方式として、高置水槽方式、ポンプ直送方式、圧力水槽方式がある。水道直結方式は、断水時には給水できないが、受水槽方式は、断水時もある程度は給水可能である。

表2.2 給水設備方式の特徴

方式	長所	短所
a. 高置水槽方式	給水圧力が安定している。もっとも普及した方式である。断水時でも高置水槽の水によって給水できる。	設備費が高い。受水槽、高置水槽が開放式であるため、水質汚染の可能性がある。
b. ポンプ直送方式	給水ポンプの制御によって安定した給水ができる。	ポンプの制御が複雑なため、故障の可能性がある。設備費が高価である。
c. 圧力水槽方式	高置水槽方式に比べて設備費が安い。	給水圧力の変動が大きい。
d. 水道直結直圧方式	配管で直結されているため衛生的である。設備機器が不要なため設備費が安い。	給水圧力が変動する場合があり、給水量が多い場合は適用できない。2階程度までしか供給できない。
e. 水道直結増圧方式	配管で直結されているため衛生的である。水槽がないためメンテナンスの費用が安価である。	災害時などに断水のおそれが高い。

a. 高置水槽方式

高置水槽にためた上水を、高置水槽からの重力により給水管を通じて、各給水栓に供給する方式である。水道本管から上水を、止水栓、量水器を経て給水管で受水槽に引き込む。つぎに、揚水ポンプによって受水槽の上水を、高置水槽にためる。高置水槽の上水は、重力により給水管を通じて、各給水栓に供給される。

b. ポンプ直送方式

水道本管から上水を、止水栓、量水器を経て、受水槽へいったん蓄える。受水槽の上水は、給水ポンプにより、各衛生器具に加圧給水される。使用水量に応じて変動する吐き出し側の流量または圧力に応じて、ポンプの運転台数や回転数を調整する。長所として、運転台数、回転数の制御により、安定した給水ができる。短所として、複雑な制御のため、故障時などの対応が必要となる場合がある。また、設備費がもっとも高価となる。

c. 圧力水槽方式

水道本管から上水を、止水栓、量水器を経て、受水槽へいったん蓄える。受水槽の上水は、圧力水槽を介して、給水ポンプにより、各衛生器具に加圧給水される。長所として設備費が高置水槽方式に比べて安い。高置水槽が不要である。短所として、水圧の変動が大きい。維持管理費が割高となる場合がある。

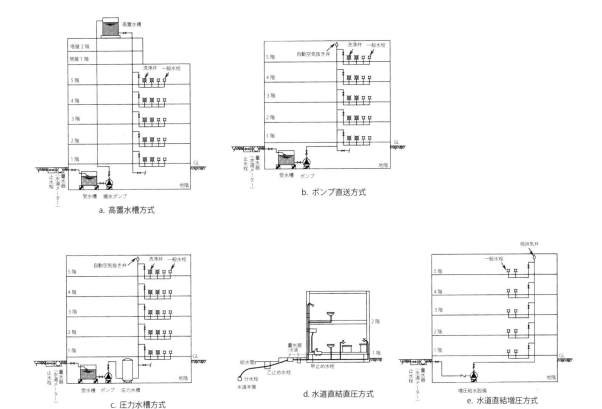

図 2.15 給水方式の種類

d. 水道直結直圧方式

水道本管から、止水栓、量水器を経て、直接給水管へ上水を供給する方式である。長所として、水栓まで密閉された管路で供給されるため衛生的である。さらに、設備機器が少なく、設備費が安い。一方、短所としては、給水量の多い場合は対応ができない、給水できる高さに制限（2階程度）などがある。

e. 水道直結増圧方式

水道本管から上水を、止水栓、量水器を経て、直結給水ブースタポンプを利用して増圧し、各衛生器具に給水する方式。受水槽などのように大気に開放されずに供給されるために、水質の悪化の恐れが少なく、水が新鮮である。また、受水槽や高置水槽などの水槽がないための清掃・点検などが不要となり、メンテナンス費用が安価である。受水槽の設置スペースも不要となる。短所として、水道工事などによる水道本管からの給水停止時、災害時などの停電時には断水の恐れがある。

(2) 給湯設備

給湯設備の主な方式として、中央給湯方式、局所給湯方式がある。事務所ビルの給湯室や便所の手洗いなどでは、局所給湯方式が採用されることが多い。厨房などでは、中央給湯方式、局所給湯方式とも採用される。

①中央給湯方式

ボイラー室などに、ボイラーや給湯機などの加熱装置を設置し、給湯ポンプによって湯を必要な場所に配る方式である。給湯需要の変動に追従するため、貯湯槽に湯をためておき、給湯需要に応じて湯を供給する。貯湯式の場合が多い。設備機器としては、加熱装置、貯湯槽、給湯管、返湯管、循環ポンプなどで構成される。湯を多く使用する場所が複数ある場合に適している。給湯配管が長くなる場合があり、湯待時間（給湯栓を開けてから、必要な温度の湯が出てくるまでの時間）が長くなる場合があるため、配管内の湯温を維持するため、循環ポンプと返湯管によって、一定量の湯を循環させる方式（複管式）が多い。一方、給湯管のみで、返湯管がない方式を、単管式という。

加熱装置として、潜熱回収型給湯機、ヒートポンプ給湯機など、高効率な加熱装置を使用できるが、給湯配管が長いため、熱ロスが大きいので、給湯管に適切な断熱を行う、配管径を過剰に大きくしないなどの配慮が必要である。

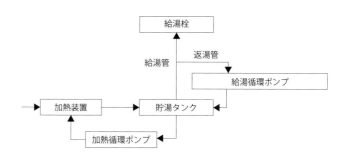

図 2.16　給湯設備のつながり

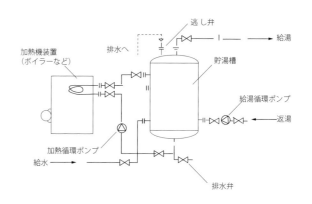

図 2.17　中央給湯方式

a. 加熱装置

加熱装置には、主に以下の種類がある。

●貯湯式ボイラー

鋼板製貯湯式ボイラーやステンレス製貯湯式ボイラーが使用され、中小規模の中央給湯方式に使用される。給湯量が多い場合は、貯湯槽と組み合わせて使用する。貯湯式ボイラーは、ボイラーの最大使用圧力によって、減圧水槽を減圧弁により給水圧力を調整する必要がある（図2.18）。

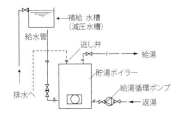

図 2.18 貯湯式ボイラー

●ガス給湯機

ガス給湯機には図 2.19 に示す種類がある。ガス瞬間式給湯機は、ガスバーナーにより瞬間的に水を加熱する方式である。さらに、出湯側の水栓で出湯を止める先止め式と、給水側の水栓で出湯を止める元止め式に分類される。ガス貯湯式給湯機は、ガス瞬間式給湯機と構造は同様であるが、湯を貯湯しているため、短時間に多量の需要があった場合でも供給可能である。

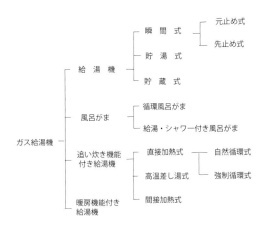

図 2.19 ガス給湯機の種類

●ヒートポンプ給湯機

ヒートポンプにより水を加熱する方式で、貯湯タンクを併用する貯湯式が一般的である。熱源方式として、空気熱源方式と水熱源方式がある。水熱源方式は効率がよいが、設備費・管理費が高価となる場合がある。空気熱源方式は、管理が容易である。未利用エネルギー活用として、海水、河川水、排水などを熱源として利用したものもある。

【参考】レジオネラによる汚染への対策

レジオネラ属菌が、微小な水滴（エアロゾル）に付着して、呼吸により肺に取り込まれることによって、肺炎を起こすことがある。レジオネラ菌の繁殖を防ぐには、塩素濃度を高く保ち、給湯温度を高温（55℃以上）に保つ必要がある。

● 電気温水器

電気ヒーターによって、貯湯槽の水を加熱する方式である。電力料金の安価な深夜電力時間帯に、貯湯を行う深夜電力電気温水器もある。事務所ビルの手洗いの給湯では、小型電気温水器を用いる場合が多い。

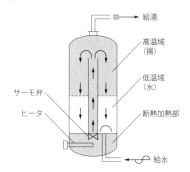

図 2.20　深夜電力温水器の例（Y社カタログより）

● 貯湯槽熱媒方式

他の熱源からの蒸気、高温水、温水などの供給により、貯湯槽内の加熱コイルで加熱する方式である。

b. 貯湯槽

加熱装置で加熱された湯をいったん蓄えておくタンクである。給湯量が多い場合や時間的に変動が大きい場合に、ばらつきを緩和し安定した湯の供給を行うために設置する。

貯湯槽には、密閉式と開放式があるが、密閉式が使われることが多い。中でも立て型貯湯槽が、設置スペースが小さいため使用されることが多い。立て型貯湯槽は、加熱装置からの湯の温度が低下しないように、高温の湯は槽の上部に、低温の湯は槽の下部になるようにし、槽内の湯が混合しないようにしている。そのため、加熱装置からの高温の湯の入口配管は、貯湯槽上部に、給水や加熱装置への出口配管は、貯湯槽の下部に接続する。

また、開放式貯湯槽は、水圧を確保するために屋上などに設置することが多い。開放式貯湯槽は、加熱によって水から分離した気体が貯湯槽からの放出されるため、配管の腐食が起こりにくい。その一方で、外部からの汚染の可能性があるので、通気管などの開放部には、外部らの汚染が侵入しないための対策が必要である。

（注）逃し管に替えて逃し弁を設置する場合もある。

図 2.21　貯湯回り配管例

c. 給湯管

　貯湯槽と給湯栓をつなぐ配管であり、給湯栓を開けた際に、貯湯槽の湯を給湯栓に供給する。給湯管は、給湯温度の変化によって、伸縮を繰り返すため、耐久性、耐熱性を考慮して、主にステンレス鋼管、耐熱塩化ビニルライニング鋼管が使用される。近年は、ポリブデン管などの樹脂管を使用する場合もある。

　中央給湯方式は配管が長くなるため、湯が停止している間に湯の温度が低下するのを防ぐために、返湯管を設けて、一定の湯を循環させる場合がある。給湯管には、水の加熱によって気体が生じ、湯の流れをさまたげたり、腐食の原因となるため、空気抜き弁を設置し、気体を排出する必要がある。また、配管内の湯温が低下する部分が少なくなるように先止まり配管を少なくする必要がある。

　給湯栓付近の給湯配管は、給湯管から順に各給湯栓に分岐する先分岐方式と、給湯ヘッダーから、各給湯栓に配管を個別に接続するヘッダ配管方式がある（図 2.22）。

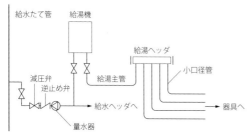

図 2.22　ヘッダー配管方式

②局所給湯方式

　給湯室など湯を必要とする場所にガス給湯機、電気温水器などの加熱装置を設置し、湯を必要な場所で給湯する方式である。給湯栓と加熱装置が近いため熱ロスが少ないが、加熱装置の台数が多くなり管理が難しくなる場合がある。給湯箇所が分散・孤立している場合や、給湯時間が異なる場所に適している。加熱装置は、瞬間式加熱装置と貯湯式加熱装置に大別される。

　瞬間式加熱装置としては、ガス瞬間式給湯機などがあり、給水を直接湯沸器に通して、瞬間的に湯をつくる方式である。放熱ロスは少なく、貯湯タンクの設置場所が不要であり、一般に省スペースとなる。ただし、加熱能力は、瞬時最大給湯量に等しくなるため、機器容量が過大となる場合がある。

　貯湯式加熱装置は、電気ヒーターなどで加熱した湯を、いったん貯湯タンクに蓄えて、湯を使用するときに給湯する方式である。瞬間的な多量の需要でも、供給可能である。ただし、貯湯タンクからの放熱ロスがあること、貯湯タンク設置場所が必要などの短所がある。事務所ビルの手洗いの給湯には、小型電気温水器よる貯湯式加熱装置が採用されることが多い。

(3) 排水・通気設備

a. 排水設備の分類

排水設備の方式には、合流式と分流式がある。

合流式は、敷地内の排水では、汚水と雑排水を同一の排水管で排水する方式である。雨水は、別系統で排水を行う。公共下水道では、合流式は、汚水、雑排水、雨水を同一の下水管で排水する。汚水と雑排水が混入しているため、再利用の場合には、浄化コストがより多く必要となる方式である。

分流式は、敷地内の排水では、汚水、雑排水、雨水をすべて別系統の排水管で排水する方式である。公共下水道では、汚水と雑用水を同一の下水管で排出し、雨水は別系統で排水する。分流式は、配管数が多くなるため、導入コストでは不利となる。ただし、雨水、雑排水の再利用が容易に実施できる方式である。

表2.3 排水設備の方式の分類

方式	建物・敷地内排水	公共下水道
合流式	・汚水＋雑排水	・汚水＋雑排水＋雨水
	・雨水	
分流式	・汚水	・汚水＋雑排水
	・雑排水	
	・雨水	・雨水

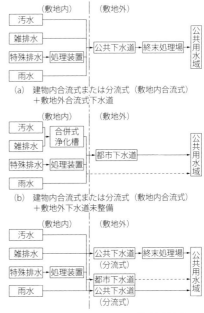

図2.23 排水設備の概要

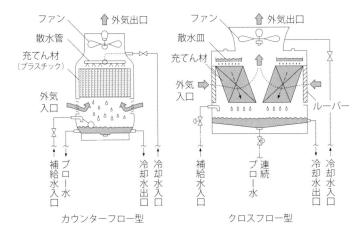

図3.11　開放型冷却塔の仕組み

(2) 水 (熱) 搬送設備の機器

空調設備をシステムとして稼働させるには、熱源設備や空調設備の機器を結ぶ配管、水を搬送するためのポンプ、流量制御するための弁類などが必要となる。これらの機器類を水 (熱) 搬送設備という。

a. ポンプ

ポンプは、水などの流体に搬送エネルギー (圧力) を加える装置である。電力でモーターを稼動させ、羽根車の回転運動により流体に搬送エネルギーを加えている。空調設備に用いられる渦巻きポンプの仕組みを図3.12に示す。

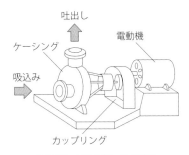

図3.12　渦巻きポンプの仕組み

ポンプ能力は、流量と揚程で決まる。揚程とは、ポンプが流体に与える搬送エネルギーのことで、水の汲み上げ可能高さ [m] を単位とする。また、ポンプの揚程と流量の関係は、ポンプの性能曲線[14]で表される。配管経路に流体が流れるために必要な揚程は、流体が配管回路を流れる間に摩擦や曲げ、分岐などの抵抗や、熱源機器や空調機器などを通過する際の抵抗で失われるエネルギーと同じになるが、開放式回路[15]の場合は、さらに開放されている部分の高低差に相当するエネルギーを合計したものとなる。

空調用ポンプには、役割に応じて表3.2の種類がある。

11) 空気熱源、水熱源

空冷式、水冷式と同じ意味。空気熱源の場合、暖房時には外気から熱を汲み上げ、装置内で昇温し、暖房の温熱として用いる。冷房時は、室内側の空気から熱を汲み上げ (つまり冷房となる)、昇温して外気に熱を放散することになる。よって、暖房、冷房とも同じ原理で動いているわけであり、その違いは、熱の汲み上げる場所と熱の捨て場所の違いである。

12) 密閉型冷却塔

密閉型冷却塔は、冷却水を直接大気に開放せず、熱交換器を通して間接的に、熱を大気に捨てる装置である。大気に開放されていないので、冷却水の水質管理は開放型より有利であり信頼性も高いが、スペースやコストが開放型と比較し割高になる。

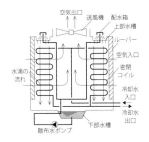

密閉型冷却塔の仕組み

開放型冷却塔 (カウンターフロー型)

開放型冷却塔 (クロスフロー型)

開放型冷却塔のタイプ

13) レジオネラ属菌

アメリカのホテルで開催された在郷軍人大会で、多くの参加者が急性肺炎を発症させたことから、その原因である真正細菌のことを在郷軍人 (legionnaire) にちなんでレジオネラ属菌と呼ぶ。調査の結果、冷却塔の冷却水で増殖したレジオネラ属菌が、空調機を通じてホテル内に散布されたことで感染したことが判明している。

14) ポンプの性能曲線

ポンプは、機種ごとに図に示す性能曲線を持っている。ポンプの性能指標として、吐出し量、揚程、軸動力、回転速度、NPSH (Net Required Positive Suction Head（吸込み可能高さ））がある。

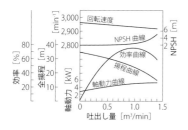

ポンプの性能曲線

15) 開放式回路
→ 98頁参照

16) インバーター制御

インバーター装置によって交流電力の電圧と周波数を任意に制御し、電動モーターの速度（回転数）を制御すること。可変電圧可変周波数制御（VVVF：Variable Voltage Variable Frequency）ともいう。

一般にポンプやファンなど電動モーターで動力を得ている装置の特性として、ポンプであれば吐出し流量を Q_1 から Q_2 へと変化させた場合、電動モーターの消費電力は、(Q_1/Q_2) の3乗に比例することになる。

性能特性からみると、一般的なポンプの流量制御は、配管内に設置してある流量調整弁などの開度を変化させることにより、配管全体の抵抗を変えて行われる。図の場合、Q_0 から Q_1 に流量を減らす場合は、抵抗を R_0 から R_1 に変化させることになる。この場合、軸動力の変化量はわずかである。それに対し、インバーター制御では、流量を Q_a から Q_b に変化させる場合は、回転数が $N_1 → N_2$ へと変化することにより、ポンプの揚程曲線が変化し、軸動力も $P_a → P_b$ へと変化し、電力消費量が大幅に削減している。

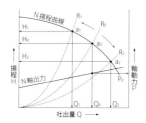

一般的な制御の場合

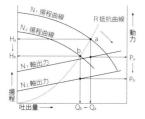

インバーター制御の場合

表3.2 空調用ポンプの種類と特徴

役割	ポンプの種類	特徴
冷房に必要なポンプ	冷水（一次）ポンプ	冷凍機に空調機から戻る冷水を搬送するためのポンプ
	冷水（二次）ポンプ	冷凍機で製造された冷水を空調機などに搬送するためのポンプ。一次ポンプで搬送可能な場合は、必要なし
	冷却水ポンプ	冷凍機と冷却塔との間の冷却水を循環させるためのポンプ
暖房に必要なポンプ	温水（一次）ポンプ	温水ボイラーなどの熱源機器に空調機から戻る温水を搬送するためのポンプ
	温水（二次）ポンプ	温水ボイラーなどの熱源機器で製造された温水を空調機などに搬送するためのポンプ。一次ポンプで搬送可能な場合は必要なし
冷暖房兼用のポンプ	冷温水ポンプ	冷水ポンプと温水ポンプの役割を1台で担うポンプ。冷房時と暖房時で切り替えて用いる。ヒートポンプや冷温水発生器などの冷温水を切り替えて製造する熱源機器に用いられることが多い。
蒸気を用いる場合のポンプ	還水ポンプ	ボイラーなどで製造された蒸気が、空調機などで熱を奪われ、凝縮した水をボイラーに循環させるためのポンプ
燃料を運ぶためのポンプ	油ポンプ	オイルタンクなどに貯蓄された燃料をボイラーなどの機器に搬送するためのポンプ

空調用ポンプの電力消費量は、建物の年間エネルギー消費量の1割近くを占めているので、省エネルギー対策は重要となる。一般に、流量と揚程の小さいほうがポンプの消費電力は小さくなるので、以下の対策により、電力消費量は大幅に減少する。

・配管回路の抵抗を小さくする工夫
・ポンプの制御をインバーター制御（回転数制御）[16]
・流量を減らすために熱媒体の往き・還りの温度差を大きくする

b. 配管

空調設備は、「管工事」と呼ばれるほど、さまざまな配管がある。空調設備に用いられる配管の用途別の種類として、表3.3のような配管がある。

配管の材質は、搬送する媒体の種類や温度によって異なる。表3.4に搬送媒体と配管材料との一覧を示す。一般に、中央熱源方式の場合の熱源機器と空調機を結ぶ配管や、熱源機器と冷却塔を結ぶ配管には鋼管が用いられる。空冷式マルチ型パッケージユニットなどの個別分散方式の屋外機と室内機を結ぶ配管には銅管が用いられる。

配管の途中には、必要に応じて弁類[17]、ストレーナー[18]、伸縮継手[19]、計器類など配管付属物が組み込まれる。特に、ポンプや冷凍機、空調機といった機械に接続する部分には、配管付属物が多く組み込まれる。図3.13に機器回りの配管例を示す。

表3.3 配管の種類

種類	図面の記号	説明
冷水配管	冷水管：送り　—C— 冷水管：還り　—CR—	熱源機器とAHUやFCUなどの空調機を結んでいる回路の配管
温水配管	温水管：送り　—H— 温水管：還り　—HR—	熱源機器とAHUやFCUなどの空調機を結んでいる回路の配管
冷温水配管	冷温水管：送り　—CH— 冷温水管：還り　—CHR—	熱源機器とAHUやFCUなどの空調機を結んでいる回路の配管
冷却水配管	冷却水管：送り　—CD— 冷却水管：還り　—CDR—	冷凍機と冷却塔を結んでいる回路の配管
蒸気配管	蒸気管：送り　—S— 蒸気管：還り　—SR—	ボイラーと空調機等を結んでいる回路の配管
冷媒配管	冷媒管：送り　—R— 冷媒管：還り　—RR—	空冷式マルチ型パッケージユニットやルームエアコンなどの屋外機と室内機を結ぶ回路の冷媒を流すための配管
ドレン管	ドレン管　—D—	空調機等用の排水管を指す
膨張管	膨張管　—E—	冷水配管、温水配管、冷温水配管と膨張水槽を結ぶ配管

17) 弁類

弁類は、配管内を流れる水などの流量を制御するための装置である。弁類には、流量を調整する玉形弁（グローブバルブ）やバタフライ弁、流量の開閉を行う仕切り弁（ゲートバルブ）、逆流を防止するための逆止弁（チャッキバルブ）などがあり、配管の必要箇所に取り付ける。

弁の仕組み

18) ストレーナー

配管内に流れるゴミをろ過する装置である。熱源機器やポンプなどの機器へ接続する配管にストレーナーを取り付け、ゴミが流入することによる故障を防ぐ。形状により、Y型ストレーナー、U型ストレーナーなどがある。

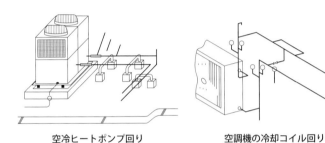

空冷ヒートポンプ回り　　空調機の冷却コイル回り

図3.13　機器回りの配管例

表3.4　配管の材質の種類と使用区分

区分	管種	名称	規格	蒸気	蒸気還管	高温水	冷温水	冷却水	油	冷媒	備考
金属管	鋼管	水道用亜鉛めっき鋼管	JIS G 3442				○	○			
		配管用炭素鋼鋼管	JIS G 3452				○	○			黒管
		配管用炭素鋼鋼管	JIS G 3452			○	○				白管
		圧力配管用炭素鋼鋼管	JIS G 3454	○	○	○	○			○	STPG 370 黒管
		圧力配管用炭素鋼鋼管	JIS G 3454								STPG 370 白管
		一般配管用ステンレス鋼管	JIS G 3448		○		○	○			SUS 304
		配管用ステンレス鋼管	JIS G 3459		○		○	○			SUS 304
		配管用溶接大径ステンレス鋼管	JIS G 3468				○	○			SUS 304
		水道用硬質塩化ビニルライニング鋼管	JWWA K 116					○			SGP-VA
		フランジ付硬質塩化ビニルライニング鋼管	WSP 011					○			SGP-FVA
		水道用耐熱性硬質塩化ビニルライニング鋼管	JWWA K 140				○				SGP-HVA
		フランジ付耐熱性樹脂ライニング鋼管	WSP 054				○				SGP-H-FVA　SGP-H-FCA
		水道用ポリエチレン粉体ライニング鋼管	JWWA K 132					○			SGP-PA
		フランジ付ポリエチレン粉体ライニング鋼管	WSP 039					○			SGP-FPA
	銅管	銅および銅合金の継目無管	JIS H 3300				○				硬質（M）
		銅および銅合金の継目無管	JIS H 3300							○	硬質、軟質、または半硬質
		外面被覆銅管	JIS H 3300				○				硬質（M）
		断熱材被覆銅管（原管はJIS H 3300による）	—							○	製造者標準品
非金属管	樹脂管	硬質ポリ塩化ビニル管	JIS K 6741					○			
		耐熱性硬質ポリ塩化ビニル管	JIS K 6776				○				
		架橋ポリエチレン管	JIS K 6769				○	○			
		ポリブテン管	JIS K 6778				○	○			

19) 伸縮継手

配管には、流れる流体の温度の影響により膨張、伸縮が生じる。膨張、伸縮が大きいと配管に応力が生じ、配管が破損するおそれがある。伸縮継手は、このような熱による配管の変位を吸収する役割を果たす。

a. 単式フランジ型
ベローズ

b. 単式フランジ型
すべり伸縮継手

エアハンドリングユニット

コンパクト型エアハンドリングユニット

図3.14 ハンドリングユニット

床置き型ファンコイルユニット

カセット型ファンコイルユニット

天井隠ぺい型ファンコイルユニット

図3.15 ファンコイルユニット外観

(3) 空調・換気設備

空気調和をするには、室内空気を加熱・冷却、加湿・除湿を行い温度、湿度をコントロールする必要がある。また、空気質を浄化するために、空気中にある塵埃を除去し、新鮮な外気を導入する必要がある。

空調機は、空調対象室の空気調和を行うための装置である。代表的な空調機として、熱源機器からの冷熱、温熱を用いて空気調和を行う、エアハンドリングユニット、コンパクト/ターミナル型エアハンドリングユニット、ファンコイルユニットがある（図3.14、15）。また、熱源機器を必要としない水冷式パッケージユニット、空冷式マルチ型パッケージユニット、ルームエアコンなどがある。

空調機は、空調対象エリアの時間による熱負荷変動や、使われ方などの特性を考慮して選択する必要がある。

a. エアハンドリングユニット（Air Handling Unit）

空気調和機ともいい、図3.16に示すように主な構成部品は冷温水コイル（冷却または加熱）[20]・加湿器[21]・エアフィルター[22]・送風機[23]などを一体のケーシングに収めたものである。型式には横型・立て型・マルチゾーン型などがある。

エアハンドリングユニットは、外気の取り込み、高性能エアフィルターの設置、湿度制御も可能であることから、質の高い空気調和ができ、また1台の空調範囲が大きい。しかし、それを設置するための空調用機械室や、騒音や振動に対する対策を必要とする。

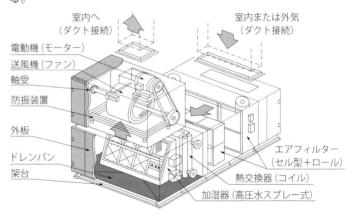

図3.16 エアハンドリングユニットの仕組み

b. コンパクト/ターミナル型エアハンドリングユニット

基本的構成は、エアハンドリングユニットと同じであるが、コンパクトにまとめられた装置である。エアハンドリングユニットと比較し設置面積は小さいが、空調能力も小さい。

c. ファンコイルユニット（FCU：Fan coil unit）

図3.17に示すように、冷温水コイル、送風機、フィルター、ケーシングから構成されており、熱源機器より冷水・温水の供給

をうけ、主に冷暖房を行う装置である。一般に外気導入ができないので、空気質はエアハンドリングユニットと比べ劣る。しかし、個別制御性が高いので、ホテルの個室の冷暖房や、事務室などの窓際（ペリメーター）ゾーンの冷暖房に用いられる。型式には、床置き型、天吊りカセット型、天井隠ぺい型などがある。

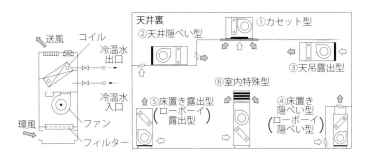

図3.17　ファンコイルユニットの仕組み・設置図

d. パッケージユニット

パッケージユニットは、機器単独で空調に必要な熱を製造し、かつ室内の空気調和を行う機器である。パッケージユニットを用いる場合は、熱源機器は必要としない。

（冷房専用型）水冷式パッケージユニット

水冷式パッケージユニットは、エアハンドリングユニットやファンコイルユニットのように、熱源機器からの熱供給を必要とせず、パッケージ型空気調和機の中に冷熱を製造する機構とファン、エアフィルターが組み込まれており、自ら冷熱を製造し冷房を行う。水冷式とあるように、冷却塔を必要とする。

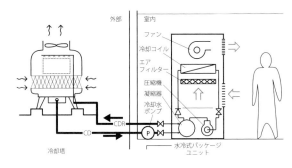

図3.18　水冷式パッケージユニット

空冷式パッケージユニット

空気（大気）に直接放熱、空気（大気）から直接採熱することにより機器単体で熱製造ができるため、熱源機器を必要としない。冷暖房運転が可能である。

ルームエアコンに代表される室外機1台と室内機1台に分かれ冷媒配管で結ばれたセパレート型、室内機と室外機が一体となった一体型、室外機1台と室内機複数台が冷媒配管で結ばれたマル

20）冷温水コイル

空調機の内部に組込まれた、空気を冷却もしくは加熱するための装置で、通常フィンと管群より構成されている。冷水もしくは温水を管内に通して、管およびフィンの表面に空気を接触させて冷却・除湿、もしくは加熱を行う。

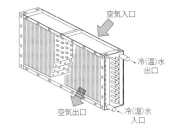

冷温水コイルの仕組み

21）加湿器

居室内の湿度は、法律で40～60%にすることが義務づけられている。空調での湿度コントロールは、一般に冷房時は除湿、暖房時には加湿を必要とする。除湿は、コイルで空気温度を露点温度以下に下げることにより、冷却除湿ができる。しかし加湿には、加湿器を使用する必要がある。加湿器の種類としては、蒸気吹出し式、水噴霧式、気化式がある。近年の事務所ビルの居室では、冬期に低湿度化する傾向がみられ、空調において加湿は、重要な要素となっている。

22）エアフィルター

エアフィルターは、空気中に含まれる塵埃や有害ガスを除去し、清浄にする装置である。図のように空気中に含まれる塵埃は、さまざまな粒子の大きさを持っている。エアフィルターの性能により、除去できる粒子もさまざまである。一般的な空調機に用いられるエアフィルターは、粗じん用フィルター（プレフィルター）（50μm以上の粒子を除去）、中性能フィルター（25μm以上の粒子を除去）である。クリーンルームなど、極度の清浄度を求められる場合は、HEPAフィルター（High Efficiency Particle Air Filter）（0.3μm以上を除去）やULPAフィルター（0.1μm以上を除去）などが用いられる。

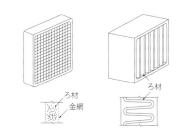

エアフィルターの仕組み

23）送風機
→90頁参照

チ型がある。

特にマルチ型は、ビル用マルチ型パッケージユニットとも呼ばれ、略してビルマルとも呼ばれる。個別制御性が良く、また屋外機1台の空調範囲がルームエアコンに比べて大きいため、小中規模建物での採用例が多い。一般に、パッケージユニットは、冷暖房機能のみしかないので、換気に必要な外気導入は別のシステムを設置しなければならない。

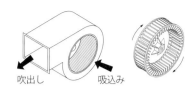

図3.20 送風機の仕組み

図3.21 遠心送風機

軸流送風機　　斜流送風機

図3.22 軸流・斜流送風機

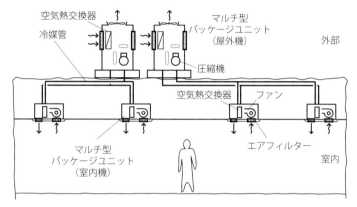

図3.19 マルチ型パッケージユニット

e. 送風機

空気を搬送するための装置で、羽根車またはローターの回転運動により気体にエネルギーを与え、圧送する機械のことである。吸込み空気と吹出し空気の圧力比が1.1未満で圧力上昇が10kPa未満のものをファン、圧力比が1.1以上2.0未満、10〜100kPaの範囲のものをブロワという。空調機で用いられる送風機は、通常ファンである。

空調機に設置されるファンは、図3.20のように羽根車をモーター（電動機）で回転させ、遠心力で空気を加圧し、空気を搬送する遠心式多翼型送風機である。

そのほかにも、プロペラが空気の流れと正対している軸流送風機や、横断流送風機、斜流送風機などがある。

送風機の能力は、ポンプと同様に風量と圧送するために付加するエネルギー（圧力）で決まる[24]。圧力は、ダクトやダンパーなどの空気搬送時の圧力損失で決まる。特徴として、遠心式は付加する圧力が大きいので、ダクトを用いた空気搬送に適している。一方、軸流送風機は搬送可能な風量は大きいが、圧力が小さい。

送風機を設置する際には、送風機から発生する騒音と振動に対する注意が必要である。騒音は、ダクトを通じて居室内に伝播しやすく、ファンの設置場所やダクト内での騒音対策が必要になる場合もある。また、モーターの駆動に電力が消費される。ファンの消費電力は、事務所ビル全体で消費されるエネルギーの1割近くを占めているとも言われ、省エネルギー対策としてインバーター制御が有効である。

24）送風機（ファン）の性能曲線
ポンプと同様に、ファンも機種ごとに性能曲線を持っている。性能曲線は、送風量に対して空気に付加する圧力（静圧、全圧）、軸動力、効率で表される。低送風量時において、空気に付加する圧力が不安定になり、異常振動を引き起こすサージング現象が発生するので、注意が必要である。

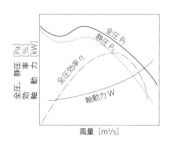

送風機の性能曲線

表 3.5 送風機の種類と特徴

風の流れ		名称	相対比較			用途
			風量	騒音	圧力	
遠心送風機	風方向は軸に対して直角に、遠心方向に流れる。逆回転でも風の流れは同じである	多翼ファン multiblade fan（シロッコファン）	少	中	高	小形にして風量・風圧を必要とする所
		ターボファン turbo fan	中	中	高	比較的風量は多・風圧も高く必要とする所
軸流送風機	風方向は電動機の軸にそって流れ、旋回しながら直線的に流れる。ただし案内翼のついたものは旋回流が少なくなる。逆回転で風の流れは逆となる	プロペラファン propeller fan	多	低	低	風圧は必要とせず風量を多く必要とする所
		プロペラファン propeller fan	多	中	中	風量は多く・風圧も必要とする所
		プロペラファン propeller fan（二重反転ファン counter rotation fan）	多	低	高	小形で風量を多く・風圧も必要とする所
斜流送風機	羽根部の風方向は軸流と輻流の中間、すなわち軸に対して斜め方向に流れるが、ケーシングによってファン全体としては軸流方向とすることもできる	斜流ファン 混流ファン mixed flow fan	中	低	中	風量を多く・風圧もある程度必要とする所
横流送風機	風方向は軸を横切って流れ、薄い板状の風が得られる	横流ファン 貫流ファン ラインフローファン クロスフローファン タンジェンシャルファン	中	低	低	風圧は低く・扁平な空気流を必要とする所

f. 全熱交換機

換気をするための装置で、排気する室内空気と給気する外気で全熱（顕熱＋潜熱）交換することで、外気負荷を軽減する効果がある。詳細については、35 頁を参照。

g. ダクト設備

● ダクト

ダクトは、空気が通る道であり、風道とも呼ばれる。ダクトは、亜鉛鉄板やステンレス鋼板でつくられ、断面が丸型、角型、楕円型がある。また、ダクト内に冷風や温風が流れたときの熱損失を防ぐために、断熱材が巻かれる。またダクト途中には、風量調整や防火、防煙対策のために、ダンパー[25]が設置される。図に 3.23 と図 3.24 にダクト配置、給気ダクトの一例を示す。

ダクトルートの計画は、空調機と吹出し口、吸込み口を合理的に接続し、一般に天井裏に配置される。空調機と吹出し口や吸込み口との距離が長く、ダクトの曲がり部分が多いと、空気を送風するための抵抗が大きくなるので、ファン動力が増加する。またダクトの断面サイズは、ダクトを通る単位時間当たりの風量によって決定される。同じ風量でも、風速を早くすればダクトの断面積は小さくできるが、風速が早すぎると騒音や振動などが発生するので、一般に流速は、8m/s 以下に抑える必要がある。

配管等と比較し、ダクトサイズは一辺が 1m を超えることも少

25) ダンパー

ダンパーとは、配管の弁類と同様に、空気流量をコントロールするための装置である。ダンパーは、ダクトの途中に配置し、ダクトに流れる空気流量を制御する。ダクトの取付け位置は、空調機の出口、入り口付近や、ダクトの分岐箇所等に設置する。
また、火災時に火災による煙や炎を、ダクトを通じて拡散させないために設置する防煙ダンパーや防煙防火ダンパーなどがあり、防災目的で設置が義務づけられているものもある。図に風量調整ダンパーの種類、逆風機回りのダンパー設置例を示す。

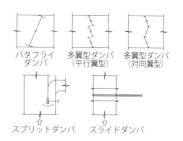

風量調節ダンパーの種類

なくなく、天井裏などのダクトスペースは大きくとる必要がある。天井裏には梁などの構造部材があるので、梁下にダクトスペースが確保できない場合は、梁貫通や下り天井などを計画する。

吹出し口、吸込み口（制気口類）

空調機等で調和された空気は、ダクトを通り、最終的に吹出し口より室内に吹き出される。吹き出された空気は、また吸込み口より吸い込まれ、空調機に戻っていく。吹出し口の形状により、吹出された空気の分布が異なる。以下に代表的な吹き出し口のタイプと特徴を示す（表3.6、図3.26）。

吸込み口も同様のタイプのものを用いるが、吸込み空気の分布は、吸込み口周辺の空気を一様に吸い込む形となる。

吹込み口と吸込み口の配置関係により、室内全体の気流分布が異なってくるので注意が必要となる。図3.25に位置関係と気流分布の例を示す。

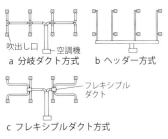

図3.23　ダクトの配置例

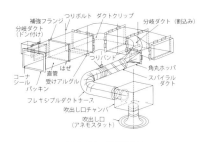

図3.24　給気ダクト

ノズル型制気口

アネモスタット型制気口

グリル

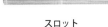

スロット

図3.26　制気口類の種類

表3.6　制気口類の種類と特徴

種類		取付け位置				NC30〜35になるための許容吹出し風速 [m/s]
		天井	側壁	幅木	窓台	
点状	ノズル	○	○			15
	パンカールーバー	○	○			15
	アネモスタット	○				6
	パン	○				6.5
線状	スロット	○	○		○	6
面状	固定羽根（グリル）		○			6
	可動羽根（ユニバーサル）		○			6

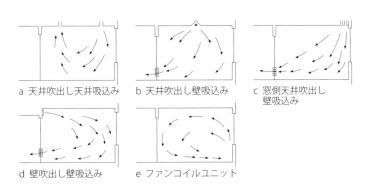

図3.25　吹出し口、吸込み口の位置と室内気流分布

3.3 空調方式の分類

一つの建物の空調方式には、中央熱源方式（セントラル方式）と個別分散方式に分けられる。また、中央熱源方式と個別分散方式を併用することも多い。それぞれの方式の中で、さらに空調方式は分類される。

(1) 中央熱源方式

a. 熱源方式

中央熱源方式は、本章3.1で述べたように、熱源機器、空調機器、熱搬送機器などを必要とし、大掛かりなシステムとなる。一般に中規模以上の建物の空調設備の方式として用いられる。

熱源機器の組み合わせは、冷暖房を必要とする場合は、冷熱と温熱を製造する機能が求められる。表3.7に代表的な熱源機器の組合せを示す。

表 3.7 熱源機器の代表的な組み合わせ

	システム図	エネルギー消費パターン	説明
電動冷凍機＋ボイラー			冷房時は電動冷凍機の冷水を用い、暖房時は、ボイラーの温水を用いる。電動冷凍機は電力、ボイラーは都市ガスを消費して熱製造を行う。冷房時は昼間に電力ピークが発生する
電動冷凍機＋ボイラー＋蓄熱槽			上記システムに蓄熱槽を付加したシステムである。蓄熱槽があるので、夜間に電動冷凍機により冷熱を製造しておく。冷房時のピークは、夜間に発生し、昼間の電力消費量が小さくなる。暖房時は、上記システムと同様である
空冷ヒートポンプ			空冷ヒートポンプにより、冷房時には冷水を製造し、暖房時は温水を製造する。空冷ヒートポンプは電力を消費するので、冷房時には昼間にピークが発生し、暖房時は朝方にピークが発生する
空冷ヒートポンプ＋蓄熱槽			上記システムに蓄熱槽を付加したシステムである。蓄熱槽により、電力ピークは冷房時、暖房時ともに夜間に発生する。昼間の電力消費量は小さくなる
吸収冷凍機＋ボイラー			吸収冷凍機とボイラーの都市ガス主体のシステムである。電力は、補機類のみ消費する。ボイラーで製造した蒸気を吸収冷凍機に投入して冷熱を製造する。冷房時、暖房時ともに、ボイラーの都市ガス消費が発生する
冷温水発生機			冷温水発生機が、冷房時は冷水、暖房時は温水を製造するシステムである。消費パターンは、吸収冷凍機＋ボイラーシステムと同様である

b. 空調方式

中央熱源方式は、これらの熱源機器からつながる空調機器の組合せにより、さらに以下の方式に分類される。これらの方式は、空調対象の特性に応じ選択する必要がある。空調対象としては、事務室の場合、ペリメーターゾーンとインテリアゾーンに空間を分けて考える。ペリメーターゾーンは、主に外壁や窓などを通して室内に影響する熱負荷（貫流熱や日射熱）を処理することを目的とした空調を行う必要があり、インテリアゾーンは、人に対する必要換気量の確保を目的とした外気処理と、OA機器や人体からの発熱を処理することを目的とした空調が求められる。

①定風量・変風量単一ダクト方式

定風量・変風量単一ダクト方式は、中央熱源方式に用いられる空調方式の代表である。単一ダクト方式とは、給気ダクトと還気ダクトの1セットを用いて空調を行う方式を意味する。

●定風量単一ダクト方式

定風量（CAV：Constant Air Volume）とは、室温調整を、風量を一定、給気温度を変化させることによって行う。風量が一定のため、熱負荷の変動が少ないインテリアゾーンなどの空調方式として適しているが、次に述べる変風量方式と比較し、ファン動力が大きくなる。

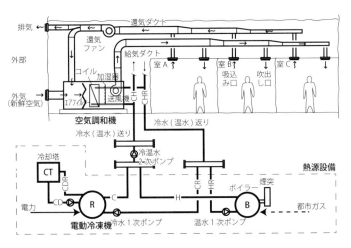

図3.27　定風量（CAV）単一ダクト方式

●変風量単一ダクト方式

変風量単一ダクト方式は、、室温制御を給気温度一定、給気風量を変化させ行っている。

そのため、ダクトに変風量ユニット（VAVユニット）を設置し、風量をコントロールする。風量をコントロールする際に、ファン動力と連動させることにより、より省エネルギー運転が可能である。しかし、変風量の場合、風量は基本的に室内の熱負荷に応じて増減させるが、空調の目的の一つに室内空気質の維持があ

り、居室に人がいる限り、外気は常に一定風量室内に導入する必要がある。よって、変風量方式においても、室内の熱負荷がないということで風量をゼロにすることはできず、換気に必要な最低限の風量を送風しなければならない。

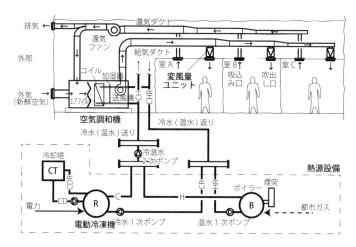

図3.28　変風量（VAV）単一ダクト方式

②ペアダクト方式

外気導入空調機からの定風量（CAV）単一ダクト方式と、室内熱負荷追従（補助）型空調機の変風量（VAV）単一ダクト方式を組合せで運転することから「ペアダクト方式（またはデュアルダクト方式、二重ダクト方式）」と呼ばれる。最終的に、外気導入系統と室内熱負荷空調機系統の給気を混合ボックスで混合して室内に送風する。

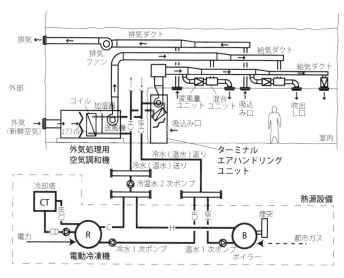

図3.29　ペアダクト方式

図 3.31 床吹出し口

26）置換換気・空調方式
一般的な空調は、混合方式をとっている。混合方式とは、室内空気と空調の給気を混合させる方式である。そのため、室内の汚染した空気と新鮮な空気が混合することになる。
それに対し、置換空調とは、給気速度を低速にすることにより、給気を室内空気と混合させず、下から給気で押し出すように、室内空気を新鮮な空気に置き換える方式である。居住域に良好な空気環境を形成させ、省エネルギーな方式である。

③床吹出し方式

事務機器（OA機器）用配線のため二重床とした（フリーアクセスフロアー）スペースを、空調用送風スペースとして利用し、床から吹き出す方式である。空気の流れは、空調機から床下に給気し、床吹出し口（風量調整付）から室内に吹き出し、天井面で吸い取って、空調機に戻る流れとなる。室温と差が少ない温度（温度差が小）で吹き出すため、在室者に優しい気流となる。

吹出し口が比較的自由に設置できるため、室内の熱発生の増加とバラツキに対して、フレキシブルに対応が可能である。また、置換換気・空調方式[26]の一つとして位置づけられ、特に天井高が高い居室では、居住域のみ空調が効率よく可能となり、省エネルギーにも寄与する。二重床を有していることが多いインテリジェントビル（高度情報化ビル）に採用例が多い。

ダクト工事が削減されるが、二重床スペース200～250mmは必要となるため、階高（一般に4.0m程度）が高くなり、必ずしも経済的とはならない。

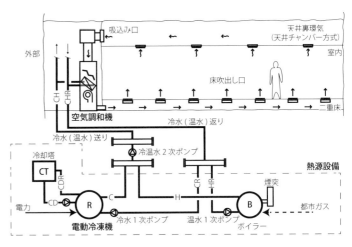

図 3.30 床吹出し方式

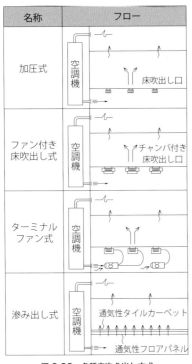

図 3.32 各種床吹き出し方式

④ファンコイルユニット方式

空調対象室内に冷水や温水を直接持っていきファンコイルユニットなどを用いて空調を行う方式である。ファンコイルユニットは、個別制御が容易であることから、ホテルや病院の個室、事務室のペリメーターゾーン用の空調方式※として用いられる。ファンコイルユニット方式には、外気導入能力がないため、単一ダクト方式と組み合わせた「ダクト併用ファンコイルユニット方式」が適用されることが多い。

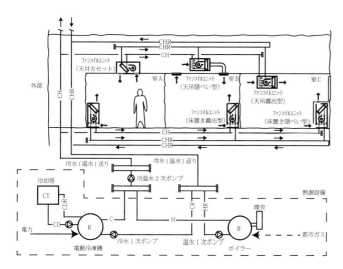

図 3.33　ファンコイルユニット方式

⑤ダクト併用ファンコイルユニット方式

　空調機からのダクトによる空調（CAV/VAV 単一ダクト方式）と、ファンコイルユニット方式を併用した方式である。室内空気室の維持に必要な外気導入も含めた空調を CAV/VAV 単一ダクト方式で行い、室内の冷暖房をファンコイルユニット方式で空調を行う。

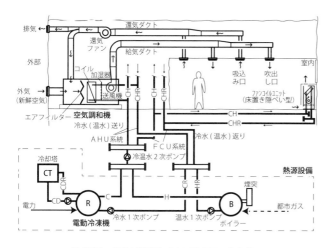

図 3.34　ダクト併用ファンコイルユニット方式

c. 配管方式

冷温水搬送の方式には、配管のルート上で大気に開放されている部分がある開放式、大気に開放されていない密閉式がある。開放式、密閉式の例を図3.35に示す。密閉式と開放式の違いにより、ポンプに求められる搬送エネルギーが異なり、一般に開放式の方が、ポンプの消費電力が大きくなる。

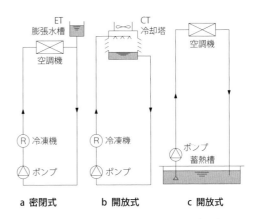

図3.35 水搬送方式における開放式と密閉式

熱源機器と空調機を結ぶ配管には、冷水、温水の往きと還りの2管が必要となる。ただし、一般に、冷水供給と温水供給は季節的に重なることも少ないため、同じ配管を季節で分けて利用する場合もある。このように、冷水管と温水管の本数で配管方式を分類した例を図3.36に示す。

図の2管式では、同じ配管を季節で冷水と温水で使い分けているため、暖房時には冷房ができないなどの制約があるが、配管コストが安く、シャフトスペースも小さい。一方、4管式は、季節に関係なく、空調機まで冷水と温水が送れるので、冷房と暖房が同時に可能となるが、配管コストは高くなる。

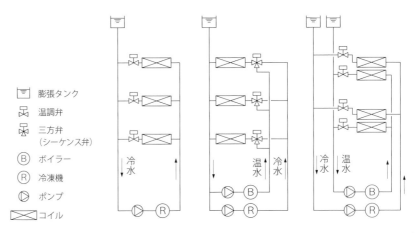

図3.36 冷温水搬送方式における管本

冷温水などの返水方法として、ダイレクトリターン方式、リバースリターン方式がある。冷水、温水配管の返り管方式による分類を図3.37に示す。ダイレクトリターン方式は、熱源機器と各空調機器を結ぶ配管経路が異なるため、定流量弁などを設置して配管抵抗の調整をする必要がある。

　一方、リバースリターン方式は、熱源機器と各空調機器との配管経路が同一となるため調整をしなくてもよい。しかし、還り管が二重になり、配管スペースを多く必要とする。

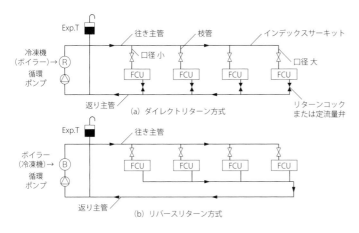

図3.37　返水方法別の冷温水搬送方式

(2) 個別分散方式

　個別分散方式は中央熱源方式と異なり、熱源機器はなく空調機器のパッケージユニットが用いられる。このことから、個別分散方式は、パッケージユニット方式ともいう。

　パッケージユニット方式の種類としては、パッケージユニットの特徴から、熱源として空気から採熱・空気へ放熱をする空冷式、水から採熱・水に放熱する水冷式がある。また、室外機と室内機の台数関係として、室外機1台に対し室内機1台の1対1型（一体ユニットも含む）、室外機1台に対し室内機複数台のマルチ型に分類できる。

a. 空冷式パッケージユニット方式（1対1型）

　ルームエアコンに代表される方式で、室外機1台に対し室内機1台の形式の方式である。室内機と室外機の機能が一体となったウォールスルー型等も、この形式に含まれる。

b. 空冷式マルチパッケージユニット方式

　空冷式パッケージユニット方式の中で、もっとも採用されている例が多い。特に小規模事務所ビルにおける空調方式の大半を占めるといっても過言ではない。

　マルチ型とあるように、室外機1台に対し室内機が複数台連なるマルチ型パッケージユニットを必要なセット数、建物内に設置する。1対1型と異なり、室外機の数が少なくなり、また個別制

27) 氷蓄熱型のマルチ型パッケージユニット

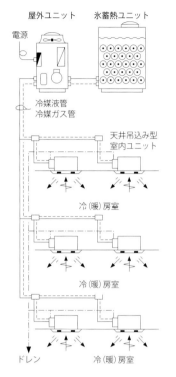

図3.38 氷蓄熱型

御性に優れ、設置コストも安いなどのメリットがある。

中には、蓄熱機能を有した、氷蓄熱型のマルチ型パッケージユニット[27]も開発されている。

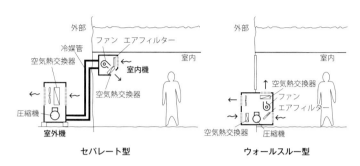

図3.39 空冷式パッケージユニット方式

c. 水冷式パッケージユニット方式（冷房専用型）

屋内設置のパッケージユニットと冷却塔、冷却水配管、冷却水ポンプで構成される。冷房専用とあるように、冷房のみしか運転できない。サーバー室など1年中、冷房が必要な場所に適用される。

d. 水熱源ヒートポンプパッケージユニット方式

水熱源ヒートポンプパッケージ、冷却塔、温水ボイラー、熱源水配管、熱源水ポンプで構成される。水熱源ヒートポンプパッケージを空調対象室内に設置し、冷房運転の場合は、冷却塔を稼働させ、熱源水配管にパッケージから放熱させる。暖房運転の場合は、温水ボイラーを稼働させ熱源水を温め、パッケージは熱源水から採熱することにより暖房を行う。

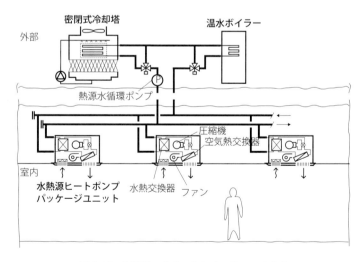

図3.40 水熱源ヒートポンプパッケージユニット方式

(3) 複合方式

一つの空調方式で、空調対象室の空気調和の目的がすべて達成されれば問題ないが、困難な場合は、いくつかの空調方式が複合される。以下に代表的な複合空調方式を説明する。

a. ダクト併用パッケージユニット方式

パッケージユニット方式は、基本的に換気機能を有していない。空調対象室に必要な換気を行うため、外気処理用空気調和機（外調機）と併用して用いられることもある。外調機系統をCAV/VAV単一ダクト方式とし、室内空調をパッケージユニット方式とした方式となる。

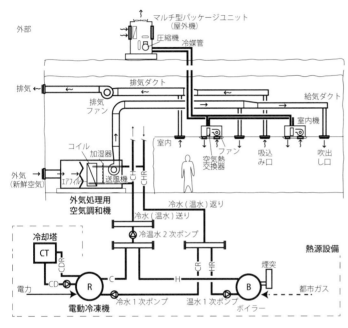

図3.41 ダクト併用パッケージユニット方式

(4) 換気方式

換気の目的は、室内空気の浄化、熱の排除、気流の付与、酸素の供給、排気の浄化である。換気設備の設置については、建築基準法において設置義務がある場合と、任意に設置する場合があり、設置義務があるケースは以下の場合である。

- ・換気上有効な開口面積が床面積の1/20以下の居室
- ・一部の特殊建築物（劇場、映画館、演芸場、観覧場、公会堂、集会場）の用途に供する居室
- ・火を使用する設備または器具を設けた室（火気使用室）

表 3.8 換気方式

換気方式	第一種機械換気方式	第二種機械換気方式	第三種機械換気方式
系統図			
圧力状態	風量により正圧または負圧	大気圧より正圧⊕	大気圧より負圧⊖
特徴と適用	確実な換気量確保 大規模換気装置 大規模空気調和装置	汚染空気の流入を許さない清浄室（手術室等） 小規模空気調和装置	他に汚染空気を出してはならない汚染室（伝染病室、WC、塗装室等）

　換気設備の方式として、自然換気設備、機械換気設備、中央管理方式の空気調和設備、そのほかがある。自然換気設備は、送風機（ファン）を使用せず給気口と排気口、排気筒から構成され、室内外の温度差を利用して換気を行う方式である。機械換気設備は、給気側、排気側の両方もしくは片方に送風機（ファン）を設置して換気を行う方式で、送風機を設置する場所によって、第一種機械換気方式、第二種機械換気方式、第三種機械換気方式に分類される（表3.8）。中央管理方式の空気調和設備による換気は、前述した中央熱源方式の空調機で換気を行う方式を指す。

　事務所ビルにおける事務室などの専有部（居室）の換気方式として、中央熱源方式の空調設備が設置されている場合は、中央管理方式の空気調和設備による換気方式が導入され、個別分散方式の空調設備の場合は、全熱交換機による第一種機械換気方式が適用されるケースが多い。また、トイレや厨房、湯沸し室などの換気には、第三種機械換気方式が適用される。図にマルチ型パッケージユニット方式＋全熱交換機による空調システムを図3.42に示す。

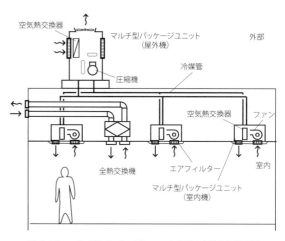

図3.42　マルチ型パッケージユニット方式＋全熱交換機の例

換気に必要な風量は、目的に応じて異なるが、居室の空気質については、法律により定められている[28]。建築基準法では、機械換気設備もしくは中央管理方式の空気調和設備による換気の場合の人ひとり当たりの必要換気量は $20m^3/h$ 以上と定められている。

居室内の汚染発生の有無などにより、上記空気質を維持するための必要換気量は、以下の式より求められる。

$$V = \frac{M}{C_i - C_o}$$

V：換気量 $[m^3/h]$、C_i：設計基準濃度、C_o：外気の濃度、M：汚染物質発生量

ボイラー室、厨房などの火気使用室の必要換気量については、給排気の条件により、火を使用する装置から発生する理論排ガス量の2～40倍以上の換気が義務づけられている。

また換気量については、1時間当たりの室内空気の入替え回数で表す方法が用いられることもあり、この指標を換気回数[29]という。

28) 法律に定められる空気質

特殊建築物においては、建築基準法、ビル管法等において、以下の空気質が定められている。
- CO 含有率：10ppm 以下
- CO_2 含有率：1,000ppm 以下（0.1%）
- 浮遊粉じん：0.15mg/m³以下
- ホルムアルデヒドの量：空気1m³につき0.1mg 以下（0.08ppm 以下）

また、火気使用室の換気量については、火を使用する設備等の給排気条件により必要換気量が定められている。

29) 換気回数

換気回数は、以下の式で表され、単位は[回/h]である。

$$n = \frac{V}{Ah} \ [回/h]$$

n：換気回数　V：換気量 $[m^3/h]$
A：床面積 $[m^2]$　h：天井の高さ $[m]$

表に、実用化されている各室の換気量を示す。

実用化されている換気量

室名	換気回数（回/h）
営業用厨房 大	40～50
〃　　　　小	50～60
洗面室	20～30
便所	10～15
便所（使用激しい）	15～25
湯沸室	10～15
ボイラー室	給気 10～15
	排気 7～10
変電室	20～30
発電機室	30～50
地階倉庫	5～10
機械室	5～10

4 事務所ビルの電気設備

4.1 電気設備のつながりと構成

　事務所ビルにおける電気設備は、建物内に電気エネルギーを供給する電源設備と配電設備、適切な視環境・明るさ感を確保するための照明設備、情報伝達の機能を担う通信・情報設備、落雷による被害を防ぐ雷保護・接地設備等に大きく分類される。

　各分類では、用途、機能、目的に応じてさらに設備が細分化されており、事務所ビルの電気設備は数多くの設備機器やシステムから成り立っている。

表 4.1　電気設備の構成要素と概要

構成要素		概　要
1. 電源設備		
	a. 受変電設備	電力会社から電力を受電し、建物内で使用する電圧に変換する設備。電力引込み、受電設備、変電設備（変圧器）等から構成される
	b. 発電機設備	油・ガス等の燃料によってエンジンを駆動して発電する設備。非常用と常用がある
	c. 直流電源設備	設備機器の制御電源や非常照明の予備電源として設ける。蓄電池設備ともいう
	d. 無停電電源設備	瞬間的な停電や電圧変動からコンピューター機器等を保護するため、安定した電源を供給する設備
	e. その他発電設備	自然エネルギーを起源とする太陽光発電設備や風力発電設備、発電と廃熱利用を同時に行うコージェネレーション設備がある
2. 配電設備		
	a. 幹線設備	受変電設備から負荷設備（分電盤、動力制御盤等）までの配線
	b. 動力設備	空調機や給排水ポンプ等の動力機器を始動・停止させるための回路を組み込んだ動力制御盤、動力機器までの配線をいう
3. 照明設備		
	a. 照明器具設備	一般照明器具のほか、非常用照明、誘導灯がある
	b. 照明・コンセント設備	幹線から照明、コンセントへ電力を分岐配電する分電盤、コンセント器具、スイッチなどをいう
	c. 照明制御設備	照明の点灯・消灯の遠隔制御、スケジュール制御のほか、各種センサーを組み合わせた自動調光制御等を行う
4. 通信・情報設備		
	a. 電話設備	電話会社からの回線引込み、回線を制御する電話交換機、電話機等から構成される
	b. 構内情報通信網設備	LAN（Local Area Network）。通信会社からの通信線の引込み、データ交換装置（スイッチ）、通信ケーブル（光、メタル）等から構成される
	c. 拡声設備	建築内の業務放送、非常放送に使用する。アンプ、スピーカー、放送用マイク等から構成される
	d. テレビ共同受信設備	アンテナ等によってテレビ放送を受信し、放送信号を増幅・分岐しながら建物内の各所に分配する
	e. インターホン設備	設備機器の点検時などに利用する保守用インターホン、来客対応用のドアホン、多目的トイレ等に設置する呼び出し装置等がある
	f. 監視制御設備	設備機器等の警報監視、運転操作、自動制御等を行う。中央監視設備、中央監視システムともいう
	g. 防犯設備	ID カード認証等による入退室監理、監視カメラ、警備用センター等がある
	h. その他通信・情報設備	駐車場の入出庫制御、料金精算等を行う駐車場管制設備、会議室に設けるビデオプロジェクター、音響装置等の映像・音響設備等がある
5. 雷保護設備		
	a. 避雷針	雷を受け（受雷）、直撃雷から建物を保護する
	b. 接地極	感電事故の防止目的である保安用接地と、通信・制御回路の基準電位を確保するための機能用接地がある
6. 搬送設備		
	a. エレベーター	一般の住居者が利用する乗用エレベーター、消防活動に利用する非常用エレベーター、小荷物用エレベーター（ダムウェータ）等がある
	b. エスカレーター	上下階に移動する傾斜エスカレーター、水平移動を行う水平エスカレーター（動く歩道）等がある

注記）
1. 照明・コンセント設備は、国土交通省「建築設備設計基準」では"電灯・コンセント設備"と記述されるが、本書では照明器具、照明制御という用語にそろえて"照明・コンセント設備"と表記する。
2. 自動火災報知設備や非常コンセント等の防災設備は、電気設備として取り扱われることが一般的であるが、本書では「事務所ビルの防災設備」の項にまとめて記述する。
3. 搬送設備は、国土交通省の仕様書をはじめとして機械設備（空調・衛生設備）に分類されることが一般的であるが、本書では電気設備の項にまとめて解説する。

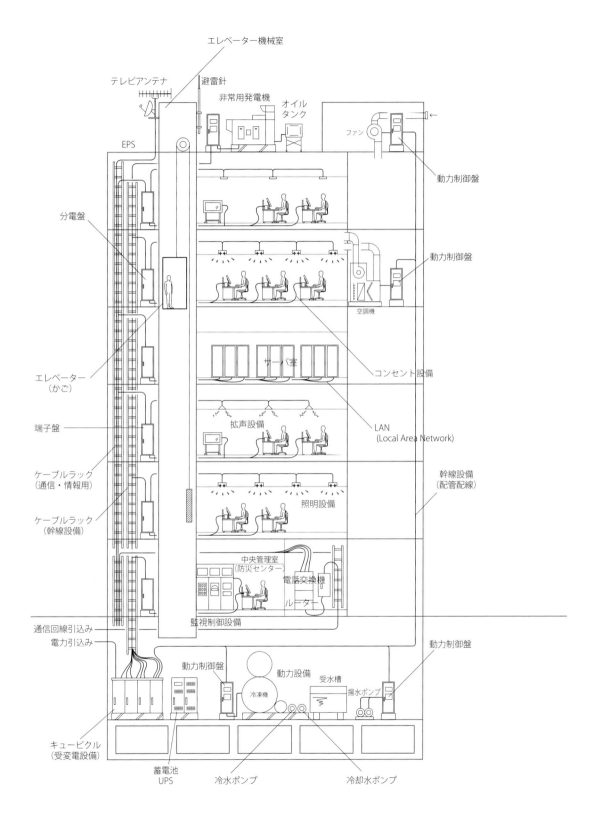

図 4.1　事務所ビルの電気設備のつながり

【参考】単相と三相
交流の中には「単相」「三相」の種別がある。一般に、コンセントや照明では単相が使用され、ファンやポンプなどの大きなモーターを稼働させるのに三相が使用されることが多い。単相は1つの波形で電力が伝わり、三相は3つの波形で電力が伝わるので、大きな動力を動かすには三相が適している。

4.2 電源設備

一般に事務所ビルでは、電気エネルギーは電気事業者(電力会社)から購入し、建物内で使用する電圧に変換した後、各設備機器へ配電される(図4.2)。

受変電設備は、電力会社からの電力を受電するとともに、電圧を変換して配電するための設備である。また、分電盤は、照明やコンセント用の単相電源(単相100V・200V)を分岐するための設備であり、動力制御盤は、空調機やポンプ等の三相電源(三相200V)を分岐するための設備である。

事務所ビルにおいては、電力会社の配電系統が停電した場合にも、防災設備や重要機器への電源を確保するため、発電機設備から非常電力を供給することが求められる。

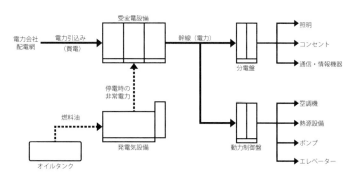

図4.2　受変電設備のつながり

このように事務所ビルには、電気事業者(電力会社)から電気エネルギーを受電し、所定の電圧(100Vなど)に変換して建物内に配電する設備や、油・ガス等を燃焼させて自ら発電する設備、蓄電した電力を必要な時に放電する設備があり、これらをまとめて「電源設備」という。

(1) 受電電圧と契約電力

電力会社の発電所で発電された電力は、送電ロスを少なくするため275kV～500kVに昇圧された後、各変電所へ送電される。変電所では、66kV、22kV、6.6kVなどの電圧に降圧され、建物が使用する最大電力(契約電力)に応じて、所定の電圧によって建物へ送電される(建物側から見ると"受電する")。

受電する電圧(電力会社から見ると供給電圧)は、電力会社の電気供給規程によって決められており、電力会社によって多少の違いがあるが、おおむね表4.2の通りである。

契約電力は、竣工後に建物が稼働しないと正確な数値は明らかとならないが、建物の設計段階では、統計的な数値にもとづいて契約電力[1]を予想し、受電電圧を決定する。

契約電力は、延床面積当たりの最大使用電力から予測することが多い。延床面積当たりの最大使用電力は、その建物で採用する空調方式、建物の特性(OAコンセントの容量や、照度設定)

1) 契約電力
実際の契約電力は、統計的な予測値や建物内に設置される設備容量などにもとづいて電力会社と協議を行い、最終的に決定される。

などにより異なるが、一般の事務所ビルの場合では、50W/㎡～80W/㎡となることが多い。図4.3に延床面積と契約電力との関係を示す。

(2) 受電方式

建物への受電は1回線が基本となるが、電力会社からの受電電圧や、建物が必要とする信頼性（停電の回避）、イニシャルコスト、ランニングコスト、受電設備のための設備スペースなどを考慮してさまざまな方式が選択される。

表4.3に、受電電圧と受電方式の例を示す。

表4.2　契約電力と供給電圧の関係

電圧種別	契約電力容量	供給電圧（公称）	供給電圧（タップ電圧）[2]
低圧	50kW 未満	100V、200V、400V	105V、210V、415V
高圧	50～2,000kW	6kV	6.6kV
特別高圧	2,000kW～10,000kW	20kV、30kV	22kV、33kV
	10,000kW 以上	60kV、70kV	66kV、77kV

2）タップ電圧
変圧器二次側の電圧を示す。

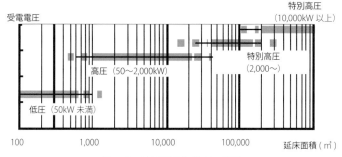

図4.3　延床面積と契約電力の関係

表4.3　受電電圧と受電方式の例

契約電力	受電電圧	受電方式
50kW 未満	低圧	1回線受電[3]
50kW～2,000kW	高圧	1回線受電
		2回線受電[4]（本線・予備線）
2,000kW～10,000kW	特別高圧 (22kV、33kV)	1回線受電
		2回線受電（本線・予備線）
		3回線スポットネットワーク受電[5]
10,000kW 以上	特別高圧 (66kV、77kV)	1回線受電
		2回線受電（本線・予備線）
		2回線受電（ループ受電）[6]

複数回線の受電は、電力会社の送電系統における事故や、受電

3）1回線受電
建物内に配電線から1系統引き込む方式。配電線が故障した場合には停電となる。
受電設備はもっとも簡素化でき、相対的にコストも低いため一般に広く採用されている。

4）2回線受電
建物内に配電線から2系統引き込む方式。1系統が故障した場合には、もう1系統から受電できる（系統の切替え時に停電が発生する）。
同一の変電所から2系統引き込む場合を「本線・予備線方式」といい、異なる変電所から引き込む場合を「本線・予備電源方式」という。本線・予備電源方式のほうが一般には信頼性が高い。

5）3回線スポットネットワーク受電
常に3回線を並列に受電しているため、信頼性が高い。1回線が故障した場合にも、残りの2回線で受電できるため停電が発生しない。

6）ループ受電
電力会社の配電線がループ状となっており、建物内にその1部を引き込む方式。建物から見ると2系統引き込む形態となる。
配電線が故障した場合、故障した区間を除去した後、再送電される。ループ状のため信頼性が高い。

設備の定期点検時においても、電力を継続して受電することを目的として採用される。

表 4.4 複数回線の受電方式の例

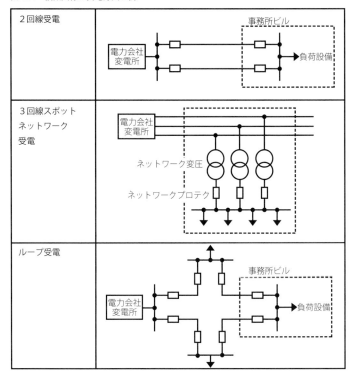

(3) 受変電設備

事務所ビルにおいて電力会社から受電する電圧は、66kV、22kV、6.6kV などの特別高圧、高圧電圧となることが多い[7]。一方、コンセントや照明、空調機、給排水ポンプ、昇降機などの設備機器が使用できる電力は、100V、200V、400V などの低圧電力である。表 4.5 に建物内で使用する電圧と負荷設備の一例を示す。

7) 特別高圧、高圧、低圧
特別高圧は、7,000V を超える電圧。高圧は、直流では 750V を、交流では 600V を超え、7,000V 以下の電圧。
低圧は、直流では 750V 以下、交流では 600V 以下の電圧。

表 4.5　建物内で使用する電圧と負荷設備の例

配電電圧	使用電圧	負荷設備の例
単相3線 200V・100V	単相 200V	照明、コンセント（大容量） 空調機・ファン（小容量）　など
	単相 100V	照明、コンセント、ファン（小容量）　など
三相 200V	三相 200V	空調機、ポンプ、エレベーター　など
三相 400V	三相 400V	空調機、ポンプ（大容量） エレベーター（大容量）　など

※大容量の熱源機器などは、高圧（6.6kV）を使用する場合もある。

8) 変圧器
変圧器は、絶縁材料によって「油入式」「モールド式」「ガス絶縁式」に分類される。
経済性を重視する場合は油入型、不燃化を図る場合にはモールド型が採用され、ガス絶縁型は特高変圧器に採用される。
また省エネルギー法では、変圧器のエネルギー変換損失の基準が定められており、同基準に適合した変圧器は「トップランナー変圧器」と言われる。

受電した電力からこれら低圧の電力をつくるため、建物内の電気室に変圧器[8]を設ける。変圧器は、メーカー標準品の中から選択することが経済的である。

電力会社から受電し、変圧器により所定の電圧に変換するまでの電源設備を受変電設備[9]といい、その電源系統を表した図面を、単線結線図（スケルトン）[10]という。図4.4に、単線結線図の一例を、図4.5に受変電設備の設置例を示す。

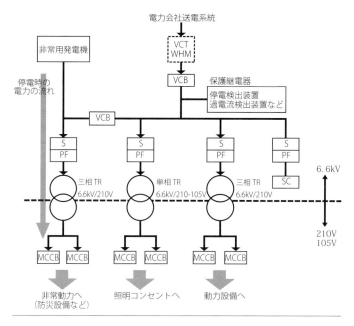

図4.4　単線結線図（高圧受電）の例

図4.5　受変電設備の設置例

（4）いろいろな電源設備

建物内で発生した火災や地震等の自然災害によって商用電源が停電した場合でも、防災設備や重要機器に対して電力供給を継続する必要がある場合、予備電源設備[12]（非常電源設備）を設ける。

非常用発電設備は、内燃機関（ディーゼルエンジンやガスター

9) 受変電設備
所定の電圧をつくり出すほかに、電力会社との責任分界点（区分開閉器）、電力会社との取引用設備（計器用変成器と取引用メーター）、事故電流の遮断機能（遮断器）などを合わせ持っている。

10) 単線結線図（スケルトン）
電気回路は主に三相3線であるが、すべての回路を3線で表記すると煩雑となるため、単線で示したもの。

11) 事故電流
短絡（ショート）、地絡（漏電）、過負荷などの回路の異常によって流れる電流のことである。

【参考】「VA」と「W」の違いは？
一般に「VA」は、供給側の設備容量を表記する場合に用いる単位で、「W」は負荷側の設備機器の容量を表す単位である。
（例）変圧器容量：300kVA
　　　ポンプ容量：15kW
交流回路には無効成分があるため、電源側の供給エネルギー（V×A）がすべて有効に負荷によって消費されるエネルギー（W）にはならない。
「W＝V×A×（力率）」で表される。

【参考】力率の改善
力率が1.0に近づくと、無効電力が減って効率のよい送電ができることになる。一般的なモーターの力率は0.8～0.85程度であり、力率を改善するために進相コンデンサーが回路に設置されることが多い。電力会社の料金体系では、建物全体として力率を改善する（1.0に近づける）と料金が割り引かれることが一般的であるため、負荷設備の力率を監視しながら進相コンデンサーを自動的に投入／切り離す制御が行われることが多い。

12) 予備電源設備
建築基準法における用語であり、消防法では「非常電源」と称されるが、両者はほぼ同意である。
一般に非常用発電機の燃料には、A重油、軽油、灯油などが使用される。
企業の重要な拠点となる事務所ビルでは、24時間～72時間の燃料を備蓄するケースもある。

ビンエンジン等）により交流発電機を駆動させて発電する設備である（図4.6）。消火ポンプや排煙ファン等の予備電源として一般に採用されている。また、燃料（油）を備蓄することにより長時間の運転が可能となることから、大地震などによって長時間停電が発生した場合にも、建物の機能を維持するための電源として利用されることが多い。

直流電源設備[13]は、商用電源の停電時に、蓄電池に蓄えている電力を放電して直流電力を供給する設備で、蓄電池設備とも言われる。一般には、建築基準法に定められている非常用の照明装置（非常照明）や、受変電設備の制御用の予備電源として使用される。非常照明として使用する場合は、30分以上の蓄電容量[14]が必要である。

無停電電源設備（UPS：Uninterruptible Power Supply）は、落雷等によって発生する瞬間的な停電や電圧低下から情報通信機器を保護するために使用される。蓄電池や直流電源を交流出力に変換するインバーター、高速切替えスイッチ等によって構成されている。一般には5分～10分間分の蓄電池容量を備え、長時間の停電時には非常用発電設備からの電力供給に切り替える。

このほかの電源設備として、自然エネルギーによって発電する太陽光発電機設備や風力発電設備、発電と排熱利用を同時に行うコージェネレーション設備[15]（常用発電設備）などがある。

13) 直流電源設備
非常照明の電源や受変電設備の制御用電源として使用される直流電源設備は、一般に直流100Vである。

14) 蓄電容量
非常用発電設備からも電源供給する場合には、10分間容量とする場合もある。

15) コージェネレーション設備
ディーゼルエンジン、ガスタービンエンジンのほか、ガスエンジン、燃料電池などが利用される。

図4.6　非常用発電設備の例

4.3 配電設備

(1) 幹線設備

受変電設備から分電盤[16]、動力制御盤への電源供給用の配線を幹線設備[17]という（図4.7）。電圧により高圧幹線（一般に6kV）と低圧幹線（400V、200Vまたは100V）に分類され、また用途により、照明・コンセント幹線（電灯幹線ともいう）、動力幹線に分類される。

幹線設備は、事故時に異常が発生して幹線への電力供給が停止されることを前提として、信頼性、安全性、冗長性等に配慮して計画することが重要となる。1つの幹線系統から広範囲の負荷設備に電力を供給すると、幹線スペースの縮小化、コスト低減に寄与するが、事故時の影響範囲（停電範囲）が大きくなる。一方、幹線系統を分割すると、スペースや経済的負担は増えるものの、事故時の停電範囲が限定的となり、信頼性や冗長性が向上する。幹線設備の配線方式[18]は一般に、①ケーブル配線、②金属管方式、③バスダクト[19]方式の3種類である。

通常は、施工性のよいケーブル配線が採用されている。ケーブルは保護配管が不要なため、ケーブルラック上に敷設されることが多い。

幹線設備を敷設する電気設備専用シャフトをEPS（Electric Pipe Shaft/Space）という。EPSは配電設備における重要スペースであり、計画にあたり以下のポイントに留意する必要がある。

・保守管理が容易な場所とし、EPS内にも保守スペースを確保する。
・煙突やボイラー等の熱の影響を受けない場所とし、水漏れ・ガス漏れの影響を受けない場所とする。
・将来の増設が容易となるよう、予備スペースを確保するとともに、上下階に同じ位置となるよう配置する。

16) 分電盤
100V・200Vの照明・コンセントへ電力を分岐する遮断器（ブレーカー）などを収納した筐体である。電灯分電盤ともいう。

17) 幹線設備の計画
「電気設備技術基準」「内線規定」などの基準類を遵守しなければならない。

18) 幹線設備の配線方式
同一ルートの幹線本数が少ない場合は、絶縁電線を金属配管に収容して配線する「金属管方式」が用いられることが多い。電線はケーブルよりも安価であるが、配管の設置スペースが大きくなり、施工性も悪くなる。

金属管

ケーブルラック

19) バスダクト
板状の導体（銅またはアルミ）を鉄製の筐体に収容したもので、ケーブルの数倍の電力（電流）を送電することができるため、幹線の集約化・大容量化と、設置スペースの縮小が可能となる。

バスダクト方式

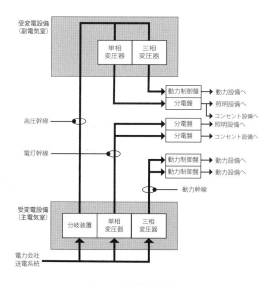

図4.7　幹線設備の構成

(2) 動力設備

　三相電源で稼働する誘導電動機等を動力機器といい、動力機器を始動・停止させるための回路を組み込んだ動力制御盤、動力制御盤から動力機器までの配線等を含めて動力設備という。

　事務所ビルに設置される主な動力設備を表4.6に示す。

　動力制御盤には電動機の始動回路[20]が組み込まれるが、大型の電動機の場合には始動電流を低く抑えるための「始動装置」も収納される。主な始動方式には、「スターデルタ始動」「コンドルファ始動」「リアクトル始動」「インバーター始動」がある。

　また、動力制御盤には、給排気ファン等の2台の機器を連動運転させるための制御回路、インバーター制御のためのインバーター装置などを収納する。

20) 電動機の始動回路
その特性上定格電流の5～7倍の始動電流を必要とする。始動装置は、低い電圧を加えて始動を開始（減圧指導）し、十数秒後に定格電圧へ移行させる装置である。
給排水ポンプのように、2台の機器を交互に運転させる制御回路もある。

表4.6　動力設備の種類

設備	負荷の種類
熱源・空調設備	冷凍機、冷却水ポンプ、冷温水ポンプ、クーリングタワー、空調機、給排気ファン
衛生設備	給水ポンプ、排水ポンプ、揚水ポンプ、浄化槽、加圧ポンプ
搬送設備	エレベーター、エスカレーター、ダムウェータ、機械駐車
防災設備	消火ポンプ、スプリンクラーポンプ、排煙ファン非常用エレベーター

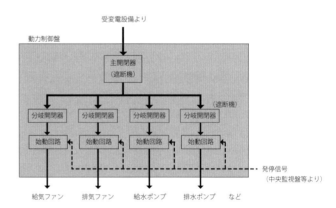

図4.8　動力制御盤の構成例

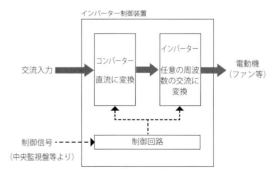

図4.9　インバーター制御装置の構成

インバーターは、電動機の回転速度を連続的に任意に変更できるため、負荷変動に対して最適な出力を得ることができ、省エネルギーに寄与する。

4.4 照明設備

(1) 光の種類

光は、光源から直接到達する直接光と、室内の天井、壁などで反射して到達する間接光がある。一般に、直接光は作業面の視作業に影響し、間接光は室内全体の雰囲気、明るさ感[21]に影響する。

また、光源としては、窓から入ってくる昼光[22]と、照明器具による人工光がある。事務所ビルでは主に人工光を利用し、安定した光環境を構築することが望まれるが、省エネルギーを図るため、昼光を積極的に採り入れる事例が多くなっている。

(2) ランプの種類

人工照明の光源としては、LED、蛍光ランプ、HIDランプ、白熱電球が主なものである。

事務所ビルでは、長らく蛍光ランプが主光源として採用されていたが、最近ではLEDの性能が向上し、高輝度、小型、省電力、長寿命、調光・調色が容易などの特性が評価され、新築ビルでは採用されるケースが多い。

HIDランプは高輝度放電ランプの総称で、メタルハライドランプ、高圧ナトリウムランプ、蛍光水銀灯ランプなどがある。光束が大きいため高天井空間や屋外に利用されることが多いが、近年では高出力LEDが製品化されるようになり、徐々にLEDに置き換わっている。

白熱電球は取扱いが簡単で演色性[23]がよいことから多方面で利用されてきたが、効率[24]が悪くランプ寿命が短いため、利用用途が限定されるようになっている。

21) 明るさ感
一般に、作業面（床面、机上面）のほかに、壁面や天井面を明るくすることにより、室内の明るさ感は増すと言われる。

22) 昼光
昼光は時間帯や季節による変動が大きいため、安定した明るさが求められる事務室では利用しにくいとされてきたが、人工照明の調光技術が発達したことにより、利用範囲が広がっている。

23) 演色性
「色の見え方の忠実さ」のことであり、演色評価指数によって表される。演色評価指数は、基準光源と合っている程度を表す数値であり、演色性がよいほど数値は高くなり、基準光源と同じときは評価数が100となる。

24) 照明器具の効率
入力電力（W）に対する出力光束（lm）の比率（lm/W）で表される。
光束（lm：ルーメン）とは、放射束を標準視感度に基づいて評価した量。

表4.7 主な光源の特徴

光源	特徴・用途	寿命（h）
LED	高輝度、長寿命 ダウンライト、スポットライト、間接照明	20,000～40,000
白熱ランプ	高輝度、赤みの多い光色 全般照明、ダウンライト、スポットライト	1,000～1,500
ハロゲンランプ	小型、点光源に近く配光制御が用意 全般照明、ダウンライト、スポットライト	1,500～2,000
ローボルト ハロゲンランプ	ハロゲンランプより長寿命 全般照明、ダウンライト、スポットライト	2,500～3,000
コンパクト蛍光ランプ	高効率、長寿命 全般照明、ダウンライト	5,000～12,000
直管蛍光ランプ 〈Hf蛍光ランプ〉	高効率、長寿命 全般照明、間接照明	8,500～15,000
電球型蛍光ランプ	白熱ランプの形状に近い 全般照明、ダウンライト	6,000～10,000
メタルハライドランプ	高輝度、大光束、演色性が高い 高天井照明、野外照明、投光照明	6,000～12,000
高圧ナトリウムランプ	色温度が低い、高演色性タイプもある 高天井照明、野外照明、投光照明	9,000～24,000
蛍光水銀ランプ	高輝度、大光束 高天井照明、野外照明、投光照明	10,000～12,000

【参考】色温度
物体が高温に熱せられると光を放射し、温度に応じて光の色が変わることを利用して、光色を温度で表したものである。青白い光は色温度が高く、赤みのある光は色温度が低い。
「戸建て住宅の電気設備」●●頁参照

【参考】トップランナー制度
省エネルギー法にもとづくトップランナー制度では、LED、蛍光灯、白熱灯を統合した基準値を定める検討が始まっている。そこで定められる基準値によっては、効率の低い白熱灯や蛍光灯は製造量が限定されることが予想され、すでに一部の製造会社では白熱灯、蛍光灯の製造を中止している。

25) グレア
不快感や物の見えづらさを生じさせるような「まぶしさ」のことをいう。光源のグレアは、その周辺との明るさのバランスや、視線の方向と光源の角度などに依存する。

26) タスクアンドアンビエント照明方式
在籍率が低く、人員密度が低い場合に効果的であるが、アンビエントとタスクの明るさの比が大きくなると、視環境が悪くなる。

27) 照度
照明によって照らされている面の単位面積に入る光束を評価した値であり、単位はlx(ルクス)を用いる。

(3) 照明器具と照明方式

照明の目的は、以下の3つに分類される。

● 明視照明(作業のための照明)

視作業を目的とした照明で、明るく、見やすく、グレア[25]がないことが求められる。

● 雰囲気照明

快適性を求めた照明で、目的にあった明るさ、照明器具のデザイン、陰影、調光システムなどが求められる。

● 防災・防犯照明

災害時の安全確保や犯罪を未然に防ぐ目的で設置される照明で、非常照明、誘導灯、防犯灯等があげられる。

事務室でもっとも採用される照明方式は全般照明方式である。全般照明は部屋全体を照明する方式で、均斉度が高く、デスクレイアウトの自由度が高まる。図4.10、図4.11に事務室の照明の設置例を示す。

タスクアンドアンビエント照明方式[26]は、全般照明(アンビエント照明)の照度を低く抑え、作業照明(タスク照明)と併用し、消費電力の抑制を図る照明方式である。

(4) 照度

照明計画においてもっとも重要な指標が照度である。照度[27]は、明るさや見やすさなどの目安となる数値であり、JISには建物用途や空間ごとに基準が示されている。表4.8に事務所ビルにおける照度基準を示す。

事務室のように照度分布が均一となるような広い空間の照度は、「光束法」によって求めることができる。

照明計画の効率性を検討するうえでは、照明器具から放射された光が作業面(床面や机上面)に有効に作用する割合(照明率)が重要な指標となる。

照明率は、室指数(壁面積に対する床面の面積の比率)と天井・壁・床の反射率によって決定される数値であり、表4.9にその一例を示す。表からもわかるように、天井や壁の反射率を高くすると照明率が高くなり、より少ないエネルギーで照度を確保することができる。

照明計画では、照明器具の保守率も重量なパラメーターである。保守率は、照明器具の初期の明るさが時間の経過に従って低下する割合を予測したもので、照明器具ごとに定められている。一般にルーバーや下面カバー付きの器具は汚れ等の影響により保守率が低くなる。

図4.10　事務室の照明配置例（スクエア型配置）

最近の事務所ビルで採用事例が多い。方向性がないため、デスクレイアウトの自由度が高まる。従来はコンパクト蛍光灯が利用されていたが、現在はLEDランプが主流である。

図4.11　事務室の照明配置例（ライン型配置）

従来から数多く採用されている。Hf32W蛍光灯が利用されることが多く、効率が高く経済的である。Hf蛍光灯が利用されることが多かったが、現在はLEDランプが主流である。

表4.8　事務所ビルの照度基準（JIS・Z・9110）単位：lx

75	100	150	200	300	500	750	1,000	1,500	2,000
	廊下、階段、洗面所、便所、湯沸室		食堂、娯楽室	集会室、応接室、玄関ホール（夜間）、エレベータホール、受付		玄関ホール（昼間）			
							事務室a 営業室		
							設計、製図、タイプ、キーパンチ		
喫茶室、宿直室、倉庫、玄関、駐車場の車路			書庫、作業室、金庫室、電気室、機械室		事務室b、役員室、会議室、電算室、交換室				

表4.9　照明率表の例

照明器具	反射率	天井	80%				70%				60%			
		壁	70	50	30	10	70	50	30	10	70	50	30	10
		床	10%				10%				10%			
	室指数		照明率（%）											
	0.6		44	35	30	26	43	35	20	26	42	34	29	25
	0.8		52	44	38	34	51	43	38	34	49	42	37	34
	1.0		57	50	44	40	55	49	44	40	54	48	43	40
	1.25		62	55	49	45	61	54	49	46	58	53	49	46
	1.5		65	59	54	50	64	58	53	50	61	56	53	49
	2.0		69	64	60	56	68	63	59	56	65	61	58	55
	2.5		72	67	64	60	70	65	63	60	66	65	62	59
	3.0		73	69	66	63	72	69	66	63	70	67	64	52
	4.0		75	72	70	67	74	72	69	67	72	70	66	66
	5.0		77	74	72	70	76	73	71	69	73	72	70	68

【参考】平均照度

光束法による平均照度は、以下の式で求められる。

$E = N \cdot F \cdot U \cdot M / A$

　E：平均照度（lx）　N：ランプ個数
　F：ランプの光束数（lm）
　U：照明率　M：保守率
　A：部屋の面積（m²）

【参考】室指数

室指数は、以下の式で求められる。

$K = X \cdot Y / \{(X+Y) \cdot H\}$

　K：室指数
　X：室の間口（m）　Y：室の奥行（m）
　H：光源から作業面までの距離（m）

[照度計算例]

間口10m、奥行8m、天井高3mの事務室で、作業面（床上0.85m）の平均照度が700lxとなるために必要なHf32W蛍光灯の本数を求める。

室指数は、

$10 \times 8 / \{(10+8) \times (3 - 0.85)\} ≒ 2.0$

床・壁・天井の反射率を70%・50%・10%とすると、表4.9より、照明率は0.63。

また、保守率は良好として0.73とする。

光源の光束を4,500lmとして必要な本数は、

$E \cdot A / (F \cdot U \cdot M)$
$= 700 \times 80 / (4,500 \times 0.63 \times 0.73)$
$= 27.1 本　⇒ 28 本$

4.5 通信・情報設備

(1) 通信・情報設備の種類

通信・情報設備は、情報の伝達を目的とした設備であり、表4.10のように分類される。

表4.10 通信・情報設備の種類

① 電話設備	電話回線を制御する電話交換機、電話機等
② 構内情報通信網設備	LAN（Local Area Network） データ交換装置、通信ケーブル等
③ 拡声設備	建築内の業務放送、非常放送 アンプ、スピーカー、放送用マイク等
④ テレビ共同受信設備	アンテナ等によってテレビ放送を受信し、放送信号を増幅・分岐しながら建築内の各所に分配
⑤ インターホン設備	点検時等に利用する保守用インターホン、来客対応用のドアホン、多目的トイレ等に設置する呼び出し装置等
⑥ 監視制御設備	設備機器等の警報監視、運転操作、自動制御等
⑦ 防犯設備	IDカード認証等による入退室監理、監視カメラ、警備用センサー等
⑧ その他通信・情報設備	駐車場管制設備、映像・音響設備等

代表的な電話設備は、電話交換機を通じて通信会社の公衆網と接続される。電話交換機は、電話の回線制御を行う装置である。一方、パソコンが接続される情報通信網は、スイッチ、ハブ（HUB）、サーバー等で構成され、外部の公衆網とはルーターやファイアウォール等を通じて接続され、電子メールやインターネット回線の利用が可能となる。

そのほかの通信設備として、アンテナ等で受信したテレビ放送を建物内に分配するテレビ共同受信設備と、マイク・CD等の音源を各室スピーカーに放送する拡声設備のつながりと構成を図4.12に示す。

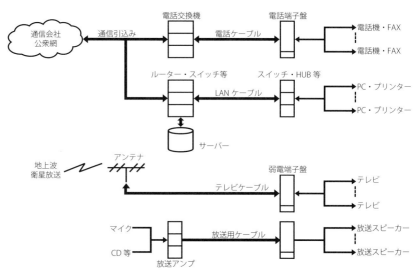

図4.12 通信・情報設備のつながりと構成

(2) 電話設備

電話設備は、居住者が利用する端末システム（電話機）と、外部公衆回線と建物内の端末システムの回線交換機能を有する交換システム（電話交換機[28]）、それらをつなぐ伝送システム（通信ケーブル）から構成される（図4.13）。

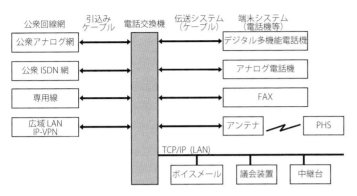

※ ISDN
Integrated Services Digital Network
（総合デジタル通信網サービス）

※ 専用回線
複数地点間の通信に専用して利用する通信路や帯域等をいう。通信のセキュリティが高いなどのメリットがある。

※ 無線式の端末システム
コードレス電話機のほか、建物内で使用できるPHSシステムや無線IP電話機が利用されるケースもある。

※ 事務所ビルにおける電話設備
携帯電話の不感帯対策の設備もあげられる。高層ビルの上層階では公衆の携帯電話用電波が届きにくいため、建物内に携帯電話会社のアンテナを設置する。

28) 交換機
アナログ方式とデジタル方式があるが、最近ではデジタル回線を利用する例が多く、デジタル交換機が主流となっている。

図4.13　電話設備の基本構成例

(3) 構内情報通信網設備（LAN）

建物内の情報通信網設備を一般にLAN（Local Area Network）といい、同一構内、同一敷地内の限定された範囲における通信網を指す（図4.14）。従来はさまざまな方式のLANが存在したが、現在では規格の標準化が進み、事務所ビルで利用されるLANは、物理的規格であるイーサネットと、通信方式の規格[29]であるTCP/IP[30]を組み合わせる方式が一般的となっている。また最近では、これら有線LANに無線LANを組み合わせる例も多くなっている。

29) ネットワークの規格
IEEE (The Institute of Electrical and Electronics Engineers, Inc.) で国際標準規格が定められている。

30) TCP/IP
インターネットで標準的に利用されるプロトコル。建物内など限定された範囲でTCP/IPプロトコルを利用して構築したネットワークを「イントラネット」という。

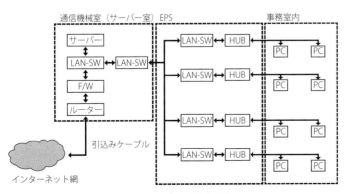

F/W：ファイアウォール
LAN-SW：ネットワーク・スイッチ
HUB：ハブ
PC：パソコン

図4.14　LANの基本構成例

31) 通信機械室
ネットワークを安定停敵に稼働させるため、電源や空調システムの信頼性を高めることが求められる。

サーバー室の例

32) WAN
同一敷地内にとどまらず、地理的に離れている端末同士をつないだ通信網をWAN (Wide Area Network) という。

33) ルーター
ネットワーク上を流れるデータを他のネットワークに中継する機器。

34) ファイアウォール
あるネットワークとその外部のネットワークとの通信を制御し、内部のネットワークの安全を維持することを目的としたソフトウェア、またはそのソフトウェアを搭載したハードウェアをいう。

35) BS (Broadcasting Satellites) 放送
放送衛星を利用した放送で、一般的にBS放送と呼ばれる。現在運用されている衛星は東経110度に打ち上げられた衛星が使用されている。

36) CS (Communication Satellites) 放送
通信衛星を利用した放送で、一般的にCS放送と呼ばれる。現在CS放送サービスは、110度CSデジタル放送と124/128度CSデジタル放送が展開されている。110度、124度、128度は使用している通信衛星の位置を示している。

図4.14に事務所ビルにおける一般的なLAN構成を示す。LANの主装置であるサーバーやメインスイッチは通信機械室[31]（サーバー室ともいわれる）に設置される。通信機械室から各階のLANスイッチまでの幹線には光ケーブルが利用されることが多く、LANスイッチ以降各端末までの配線にはメタルケーブルが使用されることが多い。

外部の公衆回線（インターネット、WAN[32]）とはルーター[33]を介して接続され、ファイアウォール[34]によってネットワークセキュリティを確保する。

最近では、ネットワークが取り扱う情報に機密性、重要性が高まっていることから、幹線やLANスイッチが設定されるEPSや通信機械室は、入退室を厳重に管理することが多い。

(4) テレビ共同受信設備

テレビ共同受信設備は、屋上等に設置したアンテナで受信したテレビ放送電波を建物内各所に分配し、多数の受像機（テレビ）で受信するためのシステムである。

テレビ放送は、大きく地上放送と衛星放送に分類され、さらに衛星放送は人工衛星の種類によってBS[35]放送とCS[36]放送に区分される。地上放送の受信にはUHFアンテナが必要で、衛星放送の受信には衛星放送専用のアンテナが必要である。最近ではBS放送とCS放送の両方を受信できる「BS/110度CSアンテナ」を設置することが主流となっている。テレビの受像機もBS、110度CSの両方に対応しているものが多い。

テレビ共同受信設備のシステム構成例を図4.15に示す。アンテナで受信されたテレビ電波は、増幅器（ブースター）、混合器を経由して、同軸ケーブルで各室へ伝送される。

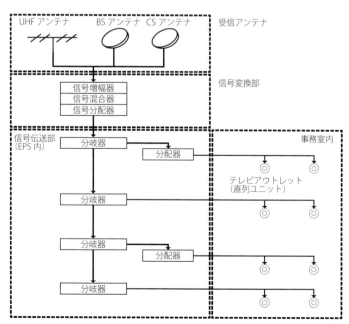

図4.15 テレビ共同受信設備のシステム構成例

また、2018年から実用放送が開始予定の「4K・8Kテレビ[37]放送」は、使用する電波の周波数帯域が高いため、従来の増幅器やケーブル等は使用できない場合があるので注意が必要となる。

(5) 拡声設備

事務所ビルにおける拡声設備（放送設備）は、一般業務用放送と非常放送に大別できる。このうち非常放送[38]は、火災等の非常時に情報伝達を行うための設備で、建物の階数や収容人員により法的に設置が義務づけられている。また、一般業務用放送は、建物内での呼び出し、伝達放送、BGM放送、チャイム放送などを目的とする設備である。

拡声設備は、音源となるアンプと音声を出力するスピーカー、その間を接続する配線によって構成される。アンプには、CDプレーヤー等のBGM装置やプログラムタイマー、マイクなどが付属する。

(6) 監視制御設備

建物内には、受変電設備や空調・衛生設備、照明設備、防犯設備など、建物の機能を維持するためのさまざまな設備があるが、これら各設備の監視、制御、計測等を集中的に行うための設備システムが監視制御設備である。

監視制御設備は、監視用パソコン・プリンターなどのマン・マシン・インターフェイス装置、設備機器との入出力信号を制御する制御装置（DDCやRSなど）、入力されたデータを保存する記憶装置やサーバー、各装置間のデータ通信を行う伝送装置等によって構成される。マン・マシン・インターフェイス装置は、中央管理室[39]に設置される（図4.16）。

監視制御設備の主な機能は以下の通りである。

監視：設備機器の運転／停止状態、故障・警報状態を監視する。
運転制御：設備機器の運転／停止操作、スケジュール運転制御、停電または復電時にあらかじめ設定した機器を運転／停止させ

37) 4K・8Kテレビ
「戸建て住宅の電気設備」47頁を参照。

38) 非常放送用のアンプ
防災センターに設置が義務づけられている。一般業務放送を利用した呼び出し放送をアンプの設置場所（管理室など）とは別の場所から行う場合には、遠隔操作器（リモートマイク）を付加する。

39) 中央管理室の設置義務
建築基準法では、建物高さが31mを超える場合に「中央管理室」の設置が義務づけられており、中央管理室では空調設備の監視制御を行える必要がある。
消防法では、防災設備等を集中的に監視制御する場所を「防災センター」といい、建物用途によって、階数や延床面積がある規模以上になると設置の義務がある。防災センターは消防隊の活動拠点として位置づけられている。
なお、中央管理室と防災センターは同一の部屋としてもかまわない（139頁、注21参照）。

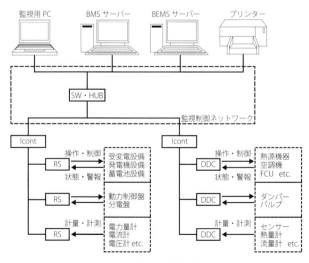

図4.16　監視制御設備の構成例

SW・HUB：ネットワークスイッチ・ハブ
Icont：分散制御装置
RS：端末伝送装置
DDC：空調コントローラー
FCU：ファンコイルユニット
BMS：Building Management System
BEMS：Building and Energy Management System

40) トレーサビリティ
追跡可能性のこと。

図4.17 生体認証（指静脈）

図4.18 セキュリティゲート

図4.19 監視カメラ

監視画像の録画は、1秒間に数コマづつ連続録画する他、出入管理や機械警備システムと連動して、異常時が発生した時に該当箇所の録画を行う機能もある。

図4.20 赤外線センサー

図4.21 ガラス破壊センサー

る停復電制御などを行う。
計測・計量：電力、水量、熱量などのエネルギーデータや、温湿度、電圧、電流などの計測・計量を行う。
表示・印刷：平面図や系統図に状態や計測値を表示するグラフィック表示や、状態・履歴等の一覧を表示するリスト表示を行う。また、警報等のメッセージや日報・月報を所定の形式で印字する。
BMS：設備機器の台帳管理、修繕履歴、保全スケジュールの管理などによりビル管理業務を支援する。
BEMS：エネルギー消費量や室内外の環境データを収集・分析し、省エネルギー運用を支援する。

(7) 防犯設備

　防犯設備は、建物への不法侵入に対する防御・抑止を行うとともに、犯罪や不正行為が発生した場合のトレーサビリティ[40]を確保することを目的として設置される。建物への入館は各室への入室を制限する出入管理システム、建物内外の様子をモニターする監視カメラシステム、不正侵入を検知する機械警備システムに分類される。

　出入管理システムは、出入管理を行う扉に認証装置を設置し、その扉の通過権限を確認して、権限を有する者だけを通過させるシステムである。

　認証装置としては、非接触式カードを利用することが多く、社員証などとカードを兼用する場合もある。カードにはさまざまな規格があるが、国内では電子マネーの規格にもなっているFeliCa方式が採用されるケースが多くなっている。

　特に重要な部屋の出入管理を行う場合には、生体認証装置が採用される場合がある。生体認証は、紛失するおそれがなく偽造しにくい生体情報を利用することから、セキュリティグレードの高いシステムといえる。生体情報には、指紋、指静脈、掌静脈、虹彩などがある（図4.17）。

　また、建物の出入口など通行人数が多い場所には、セキュリティゲートを設置して出入管理を行う場合がある（図4.18）。

　監視カメラシステムは、建物内外の様子を監視する機能と同時に、犯罪や不正行為を抑止する効果も期待される。

　監視カメラは、従来はアナログ方式が主流であったが、最近ではIP通信を利用したデジタル方式を採用する例が増えている（図4.19）。デジタル方式のカメラはLANのインフラを利用でき、一般のパソコンからでも監視ができることから、フレキシビリティの高いシステムとなる。

　また、監視カメラシステムには、監視画像を一定期間録画しておくため、ハードディスクレコーダーを設けることが多い。

　機械警備システムは、赤外線によって侵入者を検知する赤外線センサー、ガラス破壊時の音や振動から異常を判断するガラス破壊センサーなど、さまざまなタイプのセンサーが用いられる（図

4.20、図 4.21)。

　これら防犯設備は、建物内の日常動線、部屋の使い方、警戒すべきエリアなど、建築計画と密接に関連する。防犯設備を計画する際には、建築計画との整合を考慮する必要がある。

4.6　雷保護接地設備[41]

(1) 雷保護設備の概要

　雷には、建物等への落雷を指す「直撃雷」と、雷による大電流によって誘起される過渡的な異常高電圧や異常大電流である「雷サージ[42]」に区分される。「直撃雷」は建物の外壁等を破損させる恐れがあり、「雷サージ」は電気機器や情報通信機器等を破損させるおそれがある。

　雷保護設備には、建物を直撃雷から守る「外部雷保護」と、建物内部で使用されている電気機器、情報通信機器を雷サージから守る「内部雷保護」がある（図4.22）。

41) 雷保護設備
電気工学分野での用語であり、建築基準法では「避雷設備」といわれる。

42) 雷サージ
電線（電源ケーブル）や通信ケーブルを経由して建物内に侵入するため、コンセントに接続された電気機器や、外部への通信ケーブルが接続されている電話機器や OA 機器、監視カメラ等の情報通信機器が被害を受けることが多い。
また、直撃雷の電流が接地線を経由して建物内に侵入することもある。

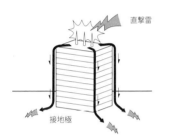 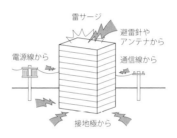

図 4.22　「外部雷保護」と「内部雷保護」の概念

(2) 外部雷保護

　建築基準法では、高さ20mを超える建築物には避雷設備（外部雷保護設備）を設けることが規定されている。

　外部雷保護設備は、①直撃雷を受け止める受雷部、②雷電流を大地へ導くための引き下げ導線、③雷電流を大地へ放流するための接地極の3つの要素により構成される。また、外部雷保護における「保護レベル」とは、雷の影響から建物を保護する確率を表す指標であり、外部雷保護設備を構築するにあたっては、建物の種類、重要度等から「保護レベル」を選定する。一般の建物ではレベルⅣとすることが多い。

【参考】危険物施設の避雷設備
危険物を取り扱う施設については、消防法により避雷設備の設置が規定されている。

【参考】JIS-A-4201
建築基準法施行令では、避雷設備の各構成要素について JIS-A-4201 に定める構造とすることを規定されている。

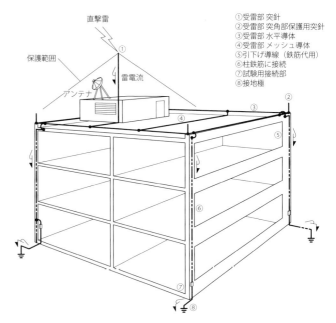

図 4.23 外部雷保護設備の概要

表 4.11 保護レベルに応じた受電部の配置

保護レベル	保護効率	回転球体法の半径 R(m)	保護角法の高さ h(m) および角度 a					メッシュ法の幅 L(m)
			20m	30m	45m	60m	60m超	
			a(°)	a(°)	a(°)	a(°)	a(°)	
I	0.98	20	25	*	*	*	*	5
II	0.95	30	35	25	*	*	*	10
III	0.9	45	45	35	25	*	*	15
IV	0.8	60	55	45	35	25	*	20

最重要レベルの保護Ⅰであっても保護効率は 98％ であり、雷から 100％ 保護することはできない。
表中「*」は、回転球体法およびメッシュ法のみ適用可能。
選択する保護レベルによって、保護角度 a、回転球体半径 R、メッシュ幅 L の規定数値は相違する。

　外部雷保護における受電部の目的は、直撃雷を受電部に受け止めて建築物等を保護することにある。受電部の形状には以下の3種類があり、建物の形状に合わせて、これらを組み合わせて設置する。

① 突針（避雷針）
② 水平導体（導線を屋根等に敷設）
③ メッシュ導体（網目状に導線を屋根等に敷設）

　受電部の保護範囲を検討するにあたっては、保護レベルの選定とともに、「保護角法」「回転球体法」「メッシュ法」のいずれかを選択する（図 4.24、図 4.25）。保護レベルに応じた保護範囲の算定基準を表 4.11 に示す。

　保護角法：受電部の先端から垂直に対する角度 a で引いた線の内側を保護する方法
　回転球体法[43]：受電部と大地または2つ以上の受電部に同時に接するように球体を回転させた時に、球体表面の包絡面から

被保護物側を保護範囲とする方法
メッシュ法：メッシュ導体で覆われた内側を保護範囲とする方法

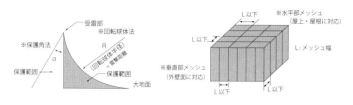

図4.24　保護角法・回転球体法　　　図4.25　メッシュ法

43）回転球体法
雷の先端を球体の中心として、雷の放電限界範囲を球体で表している。

（3）内部雷保護

建物内に雷サージ（異常電圧・電流）が侵入すると、その影響を受け建物内部の金属製部材または設備機器間で発生する電位差により、①人間が感電の危険にさらされる、②機器類が絶縁を破壊されて破損する等の危険が発生する。

内部雷保護の基本の対策は、雷サージの侵入を抑制である。そのため、建物内の金属製部材、設備機器間を導体等を用いて接続し、金属製部材間の等電位化を図る「等電位ボンディング」[44]を行う。

44）等電位ボンディングの基本対策
①建物全体の等電位化を図るため、各階に電位の基準点となる「等電位ボンディング用バー」を設置し、当該階の設備機器の接地点とする。
②電力回線、通信線等、常時電気が流れている回路には相互を接続し等電位化を図ることはできないため、ボンディング用バー間に「サージ防護デバイス（SPD）」を設置し、雷サージによる危険な電圧から機器を保護する。

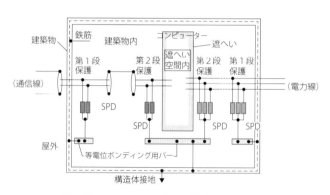

図4.26　コンピューター室の保護領域とSPD設置例

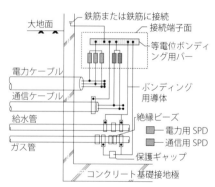

図4.27　引込み口での等電位ボンディング例

コンピューターシステムをはじめとした建物内の重要な電子機器類を雷サージから保護するためには、保護領域ごとに数次の等電位ボンディングを行う（図4.26）。この場合、電源線や通信線には、サージ防護デバイス（SPD）[45]を設置する（図4.27）。

（4）接地設備

建物における接地の目的は、大別すると「保安用接地」と「機能用接地」に分類される。

「保安用接地」[46]は、地絡電流（漏洩電流）による感電事故の防止、電機機器の安全確保を目的とするものであり、地絡事故があった場合には接地極から大地に対して接地電流が流れる。保安用接地は、法令で規制されている。

45）サージ防護デバイス（SPD）
サージ電流を重要回路からバイパスさせるための装置で、サージ終息後には、元の絶縁を回復する機能を持っている。

46）保安用接地
「電気設備に関する技術基準を定める省令」「電気設備の技術基準の解釈」により細目が規定されている。

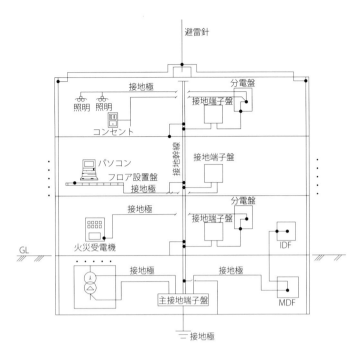

図4.28 統合設置システムの構成例

47）機能用接地
近年、情報通信機器の増加とネットワーク化の進展に伴い、信頼性確保の観点から機能用接地の重要性が高まっている。

48）統合接地システム
基準電位を確保でき、電子機器の誤動作を防止する効果がある。また、各接地を個別に設けるよりも系統が単純化されるため、施工や保守管理が容易となるメリットがある。

49）GW
「フロアー接地端子盤」とも呼ばれる。

50）接地幹線
専用の配線を用いる場合と、建築構造体の鉄骨を代用する場合とがある。
鉄骨、鉄筋などの構造躯体は、電気抵抗が小さく、地下部分（基礎）は大きな表面積で大地に接しているため、接地極として代用可能である。

「機能用接地」[47] は、電子機器を安定稼働させることを目的としており、この接地系には常に接地電流が流れている。

コンピューター等の電子・通信機器を正常に動作させるためには、電位の変動をできるだけ小さく抑制する必要があり、コンピューター室内に設置されているすべての関連機器の接地を、基準接地極にボンディングする等の対策を行う。

建物には、電力機器のための保安用接地、情報通信機器のための機能用接地、建築物のための雷保護用接地など、目的の異なる接地が設けられる。これら目的の異なる接地を1つの共用システムととらえた接地方式を「統合接地システム」[48] という。

「統合接地システム」では、各フロアーに設置されるすべての電気機器、情報通信機器の接地を、GW（Ground Window）[49] に接続し、接地幹線[50] を介して主接地端子盤にまとめる（図4.28）。これにより接地系全体の基準電位が確保される。

4.7 搬送設備
(1) エレベーター
a. エレベーターの種類

エレベーターは、かごの駆動方式によって「ロープ式」「油圧式」等に分類される（図4.29）。

もっとも多く採用されている駆動方式は、「ロープ式」である。ロープ式エレベーターは、昇降路頂部に機械室を設け、そこに設置された巻上機によってかごを昇降させる仕組みである。「油圧式」は、油圧ジャッキによってかごを押し上げる仕組みである。近年では、機械室内に設置していた機器をすべて昇降路内に収納した「機械室レス（マシンルームレス）エレベーター」が採用される事例が増えている。

また、エレベーターの用途としては、「乗用」「人荷共用（人荷用）」「非常用」[51]等がある。

「乗用」は人が乗り降りする用途で、通常利用されるエレベーターである。「人荷共用（人荷用）」は、乗用エレベーターに、荷物を載せることもできるように設計されたもので、間口やかご内の寸法が乗用に比べて大きくなっている。「非常用」は、建築基準法で定められているエレベーターで、高さ31mを超える建物には設置の義務がある。普段は乗用または人荷用エレベーターとして利用可能だが、火災が発生した場合には消防隊の活動用として使用される。

b. エレベーターの計画

事務所ビルにおけるエレベーターは、上下階を移動するための主要な交通手段であり、建物の規模から交通需要を予測し[52]、台数・仕様・配置を計画する必要がある。事務所ビルにおける交通需要の予測は、事務所部分の有効面積と1人当たりの専有面積

51) 非常用エレベーター
火災時には消防活動に使用されるため、避難用としては利用できない。
非常用エレベーターは、建築基準法でその構造が定められており、乗降ロビーには、バルコニーまたは外気に向かって開くことのできる窓もしくは排煙設備を設けることや、予備電源を設けること等が規定されている。

52) 交通需要の予測
事務所ビルにおける5分間集中率は、本社ビル（1社専有ビル）の場合で20〜25%、貸事務所ビルの場合で11〜15%、準専有ビルの場合では16〜20%といわれる。
平均運転間隔は、30秒以下であれば良好であり、40秒以上では不良と判定されることが多い。

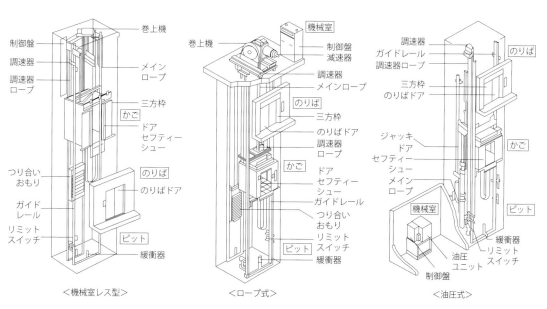

図4.29　エレベーターの概要

から事務所部分の人数を算出し、エレベーターの利用者数とすることが多い。

台数・仕様を決定するうえで重要となる指標は、「5分間輸送能力」と「平均運転間隔」である。

「5分間輸送能力」は、エレベーター利用者全体に対する5分間の輸送可能人数を示し、事務所ビルの場合、朝の出勤時など利用者が集中する時間帯の「集中率（5分間集中率）」に見合う能力が要求される。

「平均運転間隔」は、エレベーターが出発階から出発する間隔の平均値で、待ち時間の目安となる数値である。1周時間（1台のエレベーターが出発階を出発して再び出発階から出発するまでの時間）をエレベーター台数で割った数値で表現される。

エレベーター1グループ（1バンク）が受け持つサービス階床数は、一般に10～15階床までとされている。高層ビルや超高層ビルの場合には、サービスゾーンを数層に分割する（複数バンクを設ける）ことにより、輸送能力の向上を図る必要がある（図4.30）。

主要出入口が複数階にある場合、いずれの階もエレベーター出発ロビーとしてしまうと輸送能力が著しく低下する。

1階にエントランスがあり、地下階に地下鉄との連絡口がある場合、ピーク時に地下階まで着床させると、1階では満員通過が発生して利用者の不満を招く等の例がある。エレベーターの出発階が1階のほか、B1階や2階にもある場合には、2層間にエスカレーターやオープン階段を設けるなどして、出発階を1層にしぼることがよい（図4.31）。

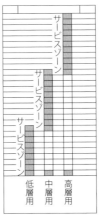

図4.30　エレベーターのゾーニング

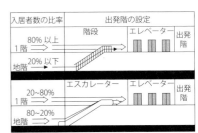

図4.31　地下階から1階（出発階）への動線

c. エレベーターの安全装置

エレベーターには、災害時に安全を確保するため、以下のような機能を設けることができる。

停電管制：停電時にかご中に人が閉じ込められた場合、バッテリーで自動的に最寄り階へかごを着床させる。

火災管制：火災が起こった場合、かごを避難階へ直行させて、乗客の迅速な避難を促すとともに乗客が閉じ込められることを防ぐ。

地震管制[53]：地震の揺れを検知し、最寄り階にかごを自動着床させ扉を開く。自家発管制：停電中も自家発電源（非常用発電機）を使用してエレベーターを運転する。

(2) エスカレーター

エスカレーターの規格としては、横幅（欄干有効幅）1,200mmと800mm、傾斜角度30度のものが標準的なものである。近年の建築基準法の改正で傾斜角度35度のエスカレーターの設置も認められている。また動く速度は、毎分30mが通常であるが、変速装置を取り付けることにより、毎分20m～40mまで調節することができる。

エスカレーターには以下のような安全装置により、緊急時に停止させる機能がある。

- **スカートガードパネル用安全装置**：踏段とスカートガードパネルとの間に異物がはさまり異常検出したときに停止。
- **非常停止ボタン**：非常の場合に押して停止。
- **移動手すり入り込み口安全装置**：移動手すり入り込み口に手や異物がはさまり異常検出したときに停止。
- **防火シャッター連動装置**：防火シャッターが閉じ始めたときに停止。

53) 地震管制
地震には初期微動P波と、揺れの大きいS波がある。初期微動P波を検知するといったんかごを最寄り階に停止させ、その後到達した本震の大きさをS波センサーで確認し、本震が小さい場合には、エレベーターは自動的に通常の運転に戻す。

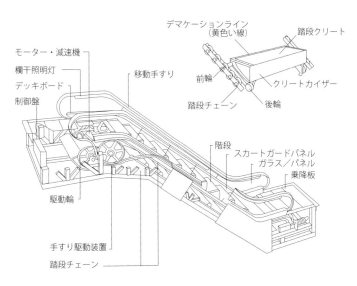

図4.32 エスカレーターの構造

5 事務所ビルの防災設備

5.1 防災設備のつながりと構成

　防災設備は、火災室以外に煙が拡散することを防止する排煙設備、発生した火災を消火させるための消火設備、火災の発生を知らせる自動火災報知設備、室内の人を外部へ避難することを支援する避難誘導設備等から構成される。

　防災設備は、建築基準法ならびに消防法により、建物用途、規模に応じて必要な設備項目が定められている。

表5.1　防災設備の項目と概要

設備項目		概要	建築基準法	消防法
1. 発見・通報				
	a. 自動火災報知設備	受信機、感知器、発信器等から構成され、火災発生を自動的に知らせる		○
	b. 非常警報設備	非常ベル、自動サイレン、非常放送設備等により火災状況を知らせる		○
	c. その他	ガス漏れ火災警報設備、消防機関へ通報するための火災通報設備がある		○
2. 避難				
	a. 非常用の照明装置	停電時に室内から外部までの避難経路に必要な照度を確保する	○	
	b. 誘導灯設備	室内から外部までの避難経路を誘導する		○
	c. 排煙設備	火災室以外に煙が拡散することを防止するとともに、避難経路や消防・救助の拠点となる室に煙が侵入することを防止する	○	
3. 初期消火				
	a. 屋内消火栓設備	人が操作することによって火災を消火する設備であり、ポンプを起動させることにより屋内のホースから散水し、消火活動を行う		○
	b. スプリンクラー設備	火災を検知した場合に天井のスプリンクラーヘッドから自動的に散水・消火を行う		○
	c. 泡消火設備	駐車場用途に用いられ、水と泡消火薬剤の水溶液を泡状に噴射して消火を行う		○
	d. 不活性ガス消火設備	水消火により復旧が困難となる電気室や通信機械室等において、二酸化炭素や窒素により消火を行う		○
	e. ハロゲン化物消火設備	水消火により復旧が困難となる電気室や通信機械室等において、ハロゲン化物の触媒効果により消火を行う		○
	f. 粉末消火設備	駐車場等において、粉末が燃焼物の回りを取り囲んで空気を遮断し、燃焼物周辺の酸素濃度を低下させることで消火を行う		○
	g. 屋外消火栓設備	建物の外部に設けた消火栓で、外部からの散水により消火を行う		○
4. 本格消火				
	a. 排煙設備	消防隊の活動を安全・円滑にするため、煙を屋外へ排出する		○
	b. 連結散水設備	消火活動が困難になると予想される地下街や地下階において、地上から送水して天井の散水ヘッドから放水する		○
	c. 連結送水管	屋内に設置した放水口に対して、屋外の送水口から消火用水を送水する		○
	d. 非常コンセント設備	消防隊が消火活動、救助活動において使用するコンセント		○
	e. 無線通信補助設備	地下街などに設置され、消防隊の無線連絡を容易とするための補助設備		○
	f. 非常用エレベーター	消防隊が消火活動、救助活動において使用するエレベーター	○	

・防災設備は、「発見・通報のための設備」、「避難のための設備」、「初期消火のための設備」、「本格消火のための設備」に大きく分類される。
・防災設備には、建築基準法で規定されているものと、消防法で規定されているものがある。
・排煙設備は、建築基準法ならびに消防法に規定されているが、建築基準法の排煙設備が安全に避難することを目的としているのに対し、消防法の排煙設備は、消防隊の安全確保と円滑な消火活動を目的としている。
・上記の設備項目以外にも、防災センターへ火災発見を通報するとともに非常警報設備を起動させるための「非常電話設備」、防火区画や防煙区画を形成するための「防火戸・防火シャッター」等が防災設備に含まれる。

5.2 火災の概要
(1) 火災の性状

火災の初期段階は、くん焼[1]や炎が小さい状態であるが、家具や壁面などに燃え移ると火勢は拡大する。炎が天井に達すると急激に拡大し、フラッシュオーバーを起こして最盛期に入る。その後、室内の火災荷重[2]に応じて最盛期は継続し、やがて衰退期に移り鎮火する。

1) くん焼
火災の初期に起こる現象で、炎を伴わない燃焼現象のことをいう。火災を維持できないが、残留した炭素の表面燃焼は維持できる場合に起こる。たばこや線香などの、炎を伴わない燃焼がこれにあたる。

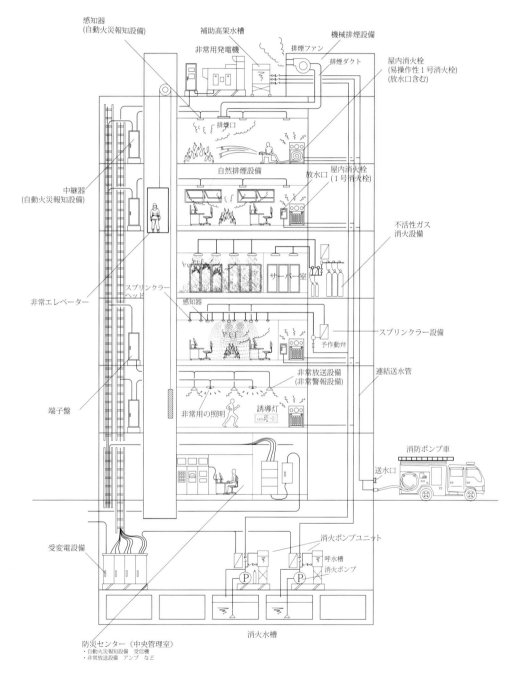

図 5.1 事務所ビルの防災設備のつながり

2) 火災荷重
可燃物の量を同じ発熱量を持つ木材の量に換算したもので、単位面積当たりの数値で表す。

3) フラッシュオーバー
室内の局所的な火災が、数秒～数十秒のごく短時間に、部屋全域に拡大する現象をいう。局所的な火災によって熱せられた天井や煙層からの放射熱によって、局所火源そのもの、あるいはそのほかの可燃物が外部加熱を受け、それによって急速な延焼拡大が引き起こされ全面火災に至る。

4) 内装制限
火災が発生した時の延焼を防ぐため、建築基準法では燃えにくい内装材の使用を義務づけている。建築物の用途、構造、規模に応じて、規定される。

フラッシュオーバー[3]が発生すると温度が急上昇し、1,000℃前後に達すると酸素が数％まで減少し、一酸化炭素や二酸化炭素がそれぞれ10％、20％程度まで上昇する。酸素濃度が15～16％以下では人の活動に影響が生じ、6％以下になると急速に意識を失って死に至る。また、一酸化炭素濃度1％の場合、2～3分で失神し、10～20分で死亡すると言われている。

このため、防災計画では、フラッシュオーバー以前に消火するか、避難を完了させることが大変重要となる。

(2) 防災計画

建物における防災計画は、出火防止、拡大防止、初期消火、煙制御、避難などがあり、これらを有効かつ合理的に組み合わせることにより、防火安全性が達成できる。防災計画の関連図を図5.2に示す。

防火の原則は、火災の初期段階で安全性を確保することである。失火防止はもちろんのこと、防火区画の形成や内装制限[4]を行うことにより、出火ならびに火災の拡大を防止することが原則である。出火した場合でも、初期消火設備により火災が拡大する以前に消火することが大切となる。

初期消火が十分に行えなかった場合にも、建物周囲に設けられたバルコニーなどによって避難が容易にできれば、人の安全性は確保できる。しかし、避難通路が限定される等により、避難安全性の信頼が低い場合には、煙制御を行い、避難通路や消火・救助活動の安全性を確保する必要が生じる。

このように煙制御は、防災計画上の避難や、消火活動上の支援装置として位置づけられる。

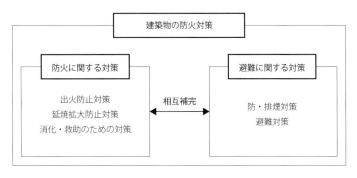

図5.2 防災計画の関連図

5.3 排煙設備[5]の種類と機器

排煙ならびに防煙には、次のような目的がある。
① 人が在室している間、その空間の煙濃度を限度以下に保つ。
② 煙が火災室以外の室に拡散することを防止する。
③ 避難通路や安全区画あるいは消火や救助の拠点とする室に煙が侵入することを防止する。

これらを達成するための方法が、区画化と排煙設備である。

(1) 防煙区画

区画化[6]は、壁や扉あるいは防煙シャッター（図5.3）、垂れ壁（図5.4）[7]を設けて、煙の拡散を防止することであり、防煙区画は、表5.2のように分類される。

表 5.2 防煙区画の種類

種類	概要
面積区画	煙の平面的な広がりを限定し、排煙を効率よく行うことを目的とする。建築基準法では、500 m²以下に区画することを規定している
用途区画	裸火のある厨房や、不特定多数の人がいる客席などは、さまざまな用途の室を同じ防煙区画とすると、避難形態や危険度異なるため、別の区画として安全性を高める
避難区画	居室→廊下→階段付室[8]→階段といった避難経路では、経路が進むにつれて高次の安全性が要求される。避難経路ごとに区画を形成し、避難に使用する時間が長くなる区画では、より長時間にわたって煙の侵入を防止する
たて穴区画	階段やエレベーターシャフト、空調用ダクトスペース等の縦シャフト空間は、上層階に対する煙の伝播経路になりやすく、扉やシャッター[9]、ダンパー[10]等により煙の拡散を防止する

図 5.3　防煙シャッター　　　図 5.4　防煙垂れ壁

(2) 排煙設備

排煙設備は、煙を屋外へ排出する等により、煙の拡散および煙層の降下を防止するものであり、「自然排煙方式」と「機械排煙方式」に大きく分類される。

a. 自然排煙[11]

自然排煙は、煙の浮力を利用した排煙方式で、直接外気に面す

---

5) 排煙設備の構造
建築基準法と消防法によって規定されているが、それぞれの内容に大きな差異はないため、本章では、建築基準法の規定に準じて記載している。
ただし、部分的に異なる規定もあることから、留意が必要である。消防法排煙は、消防法施行規則第30条に規定されている。

6) 区画化
区画材料は、不燃で遮煙性能のある材料を用いる必要がある。耐火構造の壁・扉のほか、ガラス等も使用できる。

7) 垂れ壁
天井面から500mm以上の高さが必要となる。

8) 付室
煙を階段室まで侵入させないために設けられる階段室の前室。

9) 煙感知器連動
区画を形成する扉ならびにシャッターは、常時閉鎖状態とする方式と、常時開放しているが煙感知器の検知と連動して閉鎖する方式がある。

10) ダンパー
ダンパーは、区画を貫通する空調ダクト等に設けて、煙感知器の検知と連動して閉鎖し、区画を形成する。

11) 自然排煙
建築基準法に定められている自然排煙の基本的規定は以下の通り。
① 排煙口の面積
　床面積の1/50以上
② 排煙口の位置
　天井（屋根）または壁面とする。
　壁面に設ける場合原則として天井面より80cm以内、かつ防煙垂れ壁以内とする。
　その排煙区画のどの部分からも30m以内の位置とする。
③ 自然排煙の操作位置
　壁面に設ける場合、床面より80cm～1.5mの高さ、天井より吊り下げる場合、床面よりおおむね1.8mの高さ
④ 材質
　排煙口を構成する材質は不燃材料とする。

る窓や排煙口より煙を排出させる方法である。排煙を有効に行うためには、排煙口はなるべく高い位置に設け、給気口を下部（底部）に設けることがよい。

開閉機構が単純で確実に作動することが期待できるが、外部風や内外温度差の影響を受けやすく、排煙口に風圧が作用すると煙を拡散させる恐れもある。

排煙口の開放方法としては、排煙口を直接手で開放する他、ハンドルの手動操作による開放、電気信号により開放する方法等がある（図5.5、5.6）。

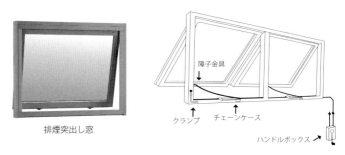

図5.5　自然排煙口　　　　図5.6　自然排煙の構成例

b. 機械排煙 [12]

排煙機により強制的に排煙する方式で、外気状態の影響が少なく、常にほぼ一定量の煙を確実に排出できる（図5.7）。直接外気に面していない部屋（地下室など）にも適用できる。また、火災室を減圧する効果もあるため、煙の拡散防止効果もある。

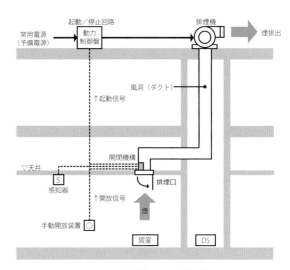

図5.7　機械排煙設備の構成例

一方で、以下の点に留意が必要である。
・排煙機や非常電源が必要となり、システムが複雑となる。
・給気が不足すると過度の負圧で扉を開放できなくなり、避

12) 機械排煙
建築基準法で定められている機械排煙の基本的規定は以下の通り。
①排煙機風量
　毎分120㎥以上で、かつ最大区画の床面積に対し、1㎡あたり毎分2㎥以上とする。
②排煙口の位置
　天井または壁に設け、高さは天井から80㎝以内、かつ防煙垂壁以内とする。また、防煙区画のどの部分からも30m以内の位置に設置する。
③手動開放装置の位置
　壁面に設ける場合、床面より80㎝～1.5mの高さ、天井より吊り下げる場合、床面よりおおむね1.8mの高さ
④材質
　排煙口、ダクトそのほか煙に接する部分は不燃材料とする。

難に支障をきたす場合がある。
- 非火災室で誤って排煙口を開放した場合、煙を呼び込むおそれがある。
- ダクトや排煙機の耐火性能に限界があるため、火災温度が上昇しすぎると保護装置が働き、排煙機能が停止する場合がある。

5.4 消火設備の種類と構成

消火設備には、火災の規模が小さなうちに消火することを目的とした「初期消火のための設備」と、消防隊が利用することを目的とした「本格消火のための設備」に大きく分類できる。

(1) 初期消火のための設備

初期消火のための設備は、「水消火」「ガス消火」「粉末消火」の3つに大別できる（図5.8）。その中で、もっとも一般的なものは、水の冷却効果を利用した水消火である。

a. 屋内消火栓設備

屋内消火栓は、ほとんどの建物に設置される水消火設備の一つである。屋内消火栓は、ホースやバルブ（開閉弁）が収まっている消火栓箱、水を溜める水槽、水槽から消火栓箱に水を送るポンプと配管から構成される。

【参考】そのほかの排煙設備

■ a. 加圧防煙方式

避難計画上、重要な空間に新鮮空気を供給することにより内圧を高め、煙の侵入を防ぐ方式である。外気を送風するため長時間にわたり送風を続けることが可能であり、階段や階段付室など比較的小面積で、かつ長時間安全性を確保する必要のある空間に適している。一般に、「階段加圧方式」「特別避難階段の付室の加圧方式」「廊下の加圧方式」がある。

階段加圧方式は、階段に給気することにより階段の内圧を高め、煙の侵入を防止すると同時に、侵入した煙の希釈を行う。

特別避難階段の付室や非常用エレベーターの乗降ロビーの加圧は、国内で採用事例が多い方式であるが、2000年の建築基準法改正以降、採用が減少している。

廊下の加圧は、廊下を直接加圧する方式と、付室などの加圧空気による間接的な加圧がある。

■ b. 特殊な構造の排煙設備

自然排煙と同様に煙の浮力を利用するとともに、煙の下部の空気層に機械給気をして排煙を行う方式であり、建築基準法で、その適用を認められている。換気設備の第2種換気の原理で排煙を行う方式であることから、「第2種排煙」とも呼ばれる。

加圧防煙が室内への煙の進入を防止することが目的であることに対し、特殊な構造の排煙方式は、室内の圧力を高め、間接的に煙を押し出すことが目的である。機械で強制的に給気するため、浮力が小さい低温度の煙も排出できる、小さな排煙口でも有効な排煙が可能となるといった長所がある。

■ c. 特別避難階段の付室および非常用エレベーターの乗降ロビーの排煙

特別避難階段の付室および非常用エレベーターの乗降ロビーは、避難や消火活動上非常に重要な区画であり、火災時に長時間にわたり煙の侵入を防ぐ必要がある。そのため、これらの区画には、排煙を目的とした外気に開く窓やスモークタワー、機械排煙設備を設けることが、法により義務づけられている。

なお、スモークタワー方式とは、煙の浮力と頂部に作用する風による吸引力を利用する排煙方式である。

機械排煙方式は、付室または乗降ロビーの大きさに関係なく4㎥/s以上（付室兼用ロビーの場合は6㎥/以上）と規定されている。

スモークタワー方式、機械排煙方式の場合は、①付室内に煙を呼び込むことの防止、②付室の下部に新鮮な空気層をつくる、③煙やガス濃度、温度の低下等を目的として、自然給気口の設置が義務づけられている。

13) 屋内消火栓の区分
建物規模や用途によって異なる。工場または作業所、倉庫、指定可燃物（可燃性液体類に係るものを除く）を貯蔵しまたは取り扱う建物は、1号消火栓または易操作性1号消火栓を設置する必要がある。そのほか用途の建物は、2号消火栓を採用してもかまわない。

14) 屋内消火栓の警戒範囲
ホース接続口から1号消火栓および易操作性1号消火栓では水平距離25 m以下、2号消火栓では水平距離15 m以下で、その階のすべてが覆えるように配置する必要がある。

【参考】消防用設備
消防法令上の消防用設備とは、「消防の用に供する設備」、「消防用水」、「消火活動上必要な施設」に区分されている。
「消防の用に供する設備」の中には、「消火設備」「警報設備」「避難設備」があり、初期消火のための設備は、この「消火設備」に分類される。
また、本格消火のための設備は、「消火活動上必要な施設」として分類される。

【参考】火災の分類
火災は、次の3種類に分類される。
- A火災（普通火災）
  新建材、木材、紙、繊維など、固体の燃えやすいものの火災。
- B火災（油火災）
  ガソリン、シンナーなどの液体性のもの、グリスなど半固体の油脂類の火災。
- C火災（電気火災）
  電気器具、機械類など、感電のおそれのある電気施設を含む火災。

木や紙の火災には水消火が有効であり、油脂類の火災には泡消火や粉末消火、電気機器の火災にはガス消火が効果的とされる。

消火栓は、「1号消火栓」、「易操作性1号消火栓」、「2号消火栓」に区分[13]される。1号消火栓は放水圧力、放水量が多いために消火能力が高く、警戒範囲[14]が広くなる一方で、1人で取り扱うことが困難であり、2人操作が前提である。

易操作性1号消火栓は、操作性を重視し、より簡単・的確に消火活動を行える方式のもので、1人で取り扱うことができる。また、2号消火栓は、1号消火栓よりも放水圧力、放水量が少なくし、操作性を良くした方式である。易操作性1号消火栓ならびに2号消火栓は、1人で扱える利点があることから、実際の火災の場面で有効に活用されることが期待される。

屋内消火栓設備の構成例を図5.9に示す。屋内消火栓のポンプは、1号消火栓の場合には発信機を押すことにより起動し、易操作性1号消火栓ならびに2号消火栓の場合は、消火栓内のバルブを開放することで起動する。

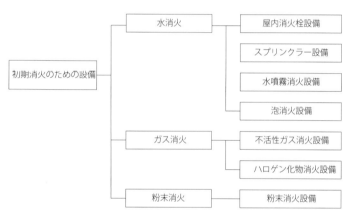

図5.8　初期消火設備の分類

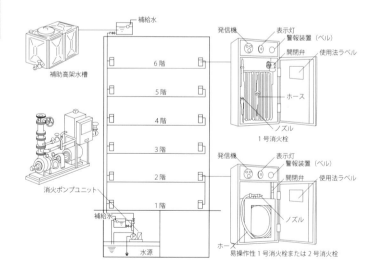

図5.9　屋内消火栓設備の構成

b. スプリンクラー設備

スプリンクラー設備は、防火対象物の天井または屋根下部分に配置されたスプリンクラーヘッドにより、火災感知から放水までを自動的に行う消火設備（自動消火設備）である（図5.10、図5.11）。建物の大規模化、高層化に伴い、火災の早期発見や消火活動は遅れる傾向にあるが、自動消火設備は、このような防災上の弱点を解消するための設備である。

スプリンクラー設備は、①熱によって溶解し水を散布するヘッド、②水の動きを察知しポンプを起動させる流水検知装置（アラーム弁）、③水を溜める水槽、④水槽からヘッドに水を送るポンプ、⑤以上を結ぶ配管から構成される。

また、スプリンクラー設備には、使用するスプリンクラーヘッドや配管方式等によっていろいろな設備形態がある。

予作動式スプリンクラーは、感知器とスプリンクラーヘッドの両方が作動しないとアラーム弁が動作しない方式であり、誤ってスプリンクラーヘッドを破損させた場合にも放水されない利点がある（図5.12）。

> **【参考】スプリンクラー関連設備**
> ■湿式スプリンクラー設備
> 配管内に水が充満している方式で、スプリンクラーヘッドの感熱部の可溶片が、熱のために溶けてシール部分が開き、流水検知装置が作動して放水する。
> ■乾式スプリンクラー設備
> 流水検知装置の二次側の配管部を加圧空気で満たし、スプリンクラーヘッドの感熱部の作動により加圧空気を放出し、流水検知装置が作動して放水する方式。冬期凍結のおそれのある部分等に用いられる
> ■開放型スプリンクラーヘッド
> 水の出口が常に開いているものをいう。火災感知器等と連動して作動するか、または手動によって一斉開放弁を開いて放水する方式。劇場の舞台部等に用いる。
> ■放水型スプリンクラーヘッド
> 高天井の空間やアトリウム等に用いる。

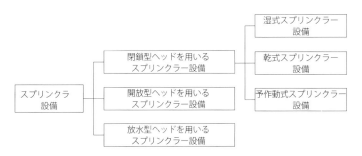

図5.10 スプリンクラー設備の種類

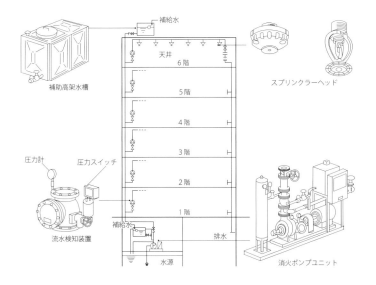

図5.11 スプリンクラー設備の構成

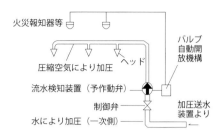

図 5.12 予作動式スプリンクラー設備

15）連結散水設備（散水ヘッド）
散水ヘッドの取付けピッチは消防法で規定されている。

16）連結散水設備（送水口）
視認性がよく消防自動車が容易に接近できる位置に設ける。直近に連結散水設備の送水口であることの表示をし、送水区域や選択弁等の系統図の掲示が必要。

(2) 本格消火のための設備

本格消火用消火設備は、消防隊による消火活動に利用する設備で、連結散水設備と連結送水管がある。

a. 連結散水設備 [15)16)]

連結散水設備は、火災が発生した場合に、煙や熱が充満することによって消火活動が難しくなることが予想される地下街や地下階に設置される設備である。消防隊が自ら送水口から送水し、火災発生場所に散水する。

連結散水設備は、散水ヘッド、配管・弁類および送水口等から構成されており、火災の際には消防ポンプ自動車から送水口を通じて送水し、散水ヘッドから放水することによって消火活動を支援する（図5.13、図5.14）。

散水ヘッドには「開放型」と「閉鎖型」の2種類があり、開放型は、送水区域内のヘッドから一斉に散水する方式であり、閉鎖型は、火災の加熱を受けた部分のヘッドだけが開放される方式である。閉鎖型は、散水が火災部分に限られるため、水損が少なくてすむ利点がある。

【参考】消火設備の種類

■泡消火設備
主に駐車場等に用いられる油火災用の自動消火設備である。泡消火設備がスプリンクラー設備と異なるのは、油火災を消火するのに水の冷却効果ばかりでなく、泡で火災を回りから包み込み、酸素の供給を遮断することも目的としている点にある。

■不活性ガス消火設備
不活性ガス消火設備は、水消火に適さず（特に水を使うことが火災よりも大きな事故を引き起こしかねない室）、気密性が高くガス濃度を一定以上に保てる場所に多く用いられる。具体的な使用場所としては、電気室やボイラー室、精密機械、電気通信機室等があげられる。
不活性ガス消火設備は、火災室内の酸素濃度を15％以下に低下させることで燃焼を停止させる、いわゆる窒息消火を目的としており、使用される消火剤としては、「二酸化炭素」「窒素」「IG-541（イナージェン）」「IG-55（アルゴナイト）」の4種類がある。
現在使用されている消火材の主流は二酸化炭素である。二酸化炭素は液体の状態で保管されるため、省スペースであるとともに、放出される際の気化冷却も消火の一助となる。しかしながら、二酸化炭素が人体に有害であるため、採用する場所やシステムについては注意が必要となる。

■ハロゲン化物消火設備
ハロゲン化物消火設備の特徴は、ガスが火と接触して起こる化学作用による負の触媒効果（燃焼の連鎖反応を停止させる効果）によって消火するものであり、その対象エリアは、不活性ガス消火設備と同様である。
ハロゲン化物消火設備として従来広く使用されてきた消火剤は、ハロン1301、1211および2402であるが、オゾン層破壊の問題から1994年より生産が全廃され、基本的に使用が禁止されている。現在では、HFC-227ea、HFC-23というオゾン破壊係数ゼロの消火剤が使用されている。
ハロゲン化物消火は、消火時に人体に有害なフッ化水素が発生する可能性があるため、採用する場所やシステムについて注意が必要である。

■粉末消火設備
粉末消火設備の主成分は重曹であり、不活性ガス消火設備と同様に水消火に適さない場所に用いられる。
消火原理は、粉末が燃焼物の回りを取り囲んで空気を遮断するとともに、重曹が熱分解して生じる二酸化炭素が燃焼物周辺の酸素濃度を低下させることによる。部屋の気密性が低くてもさほど問題ではなく、半屋外的な駐車場や格納庫などに採用される。

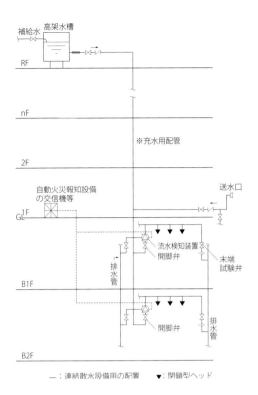

図 5.13 連結散水設備の構成

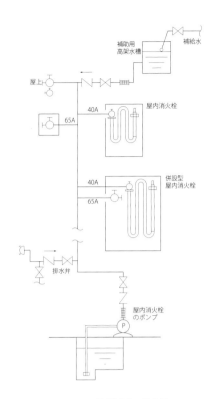

図 5.14 連結送水管の構成例

b. 連結送水管 [17)18)]

　高層フロアーの火災では、ハシゴ付消防自動車等による外部からの注水だけでは不十分な場合がある。連結送水管は、消防隊が本格的な消火活動を行う際に、消火用の水を火災が発生した階まで送水するための設備で、高層建築物、地下街等に設置される。

　内部における消火活動を効果的に行うため、あらかじめ消防ホース数本に相当するたて管を建物内部に設置しておき、消防隊到着後ただちに注水できるようにしておく。

　連結送水管は、送水口、放水口、放水用器具格納箱等から構成されており、火災の際には消防ポンプ自動車から送水口を通じて送水し、消防隊が放水口にホースを接続すれば消火活動ができるようになっている。

17) 連結送水管の送水口
視認性がよく消防自動車が容易に接近できる位置に設ける。直近に連結送水管の送水口であることを表示。

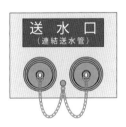

18) 連結送水管の放水口
放水口は、階段室や非常エレベーターの乗降ロビー等、消防隊が有効に消火活動を行うことができる位置に設ける。

5.5 発見・通報設備
(1) 自動火災報知設備と防排煙連動
a. 自動火災報知設備

自動火災報知設備は、火災発生の初期段階で、ベルや警報装置によって火災発生を報知する設備である。火災によって発生する熱、煙などによって反応する感知器、火災を発見した人が通報する発信機、これらの信号を受信する受信機や中継器、火災情報を知らせる地区音響装置などから構成される (図5.15、図5.16)。

感知器は、火災を発見する方法別に以下のように分類されており、警戒エリアの面積、天井高、室用途等により使用できる感知器が消防法により定められている (表5.3)。

地区音響装置は、建物内各所にベル (地区ベル) を設置する場合のほか、非常放送設備によって代用される。

受信機は、通信種別により中小規模向けのP型受信機、大規模向けのR型受信機に分類される。

差動式スポット型感知器

定温式スポット型感知器

光電式スポット型感知器

光電式分離型感知器

炎感知器

発信機

地区ベル

受信機

図5.15 自動火災報知器設備の機器

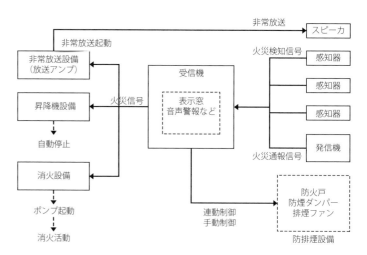

図5.16 自動火災報知設備の構成例

表5.3 代表的な感知器の種類

種類	名称	感知方法
熱を検知	差動式スポット型感知器	感知器の周囲の温度が上昇するに従って、内部の空気が膨張して感知する。一定の単位時間における温度の上昇割合によって作動するもので、感知する温度は一定ではない
	定温式スポット型感知器	感知器の周囲の温度が上昇し、一定の温度になったときに感知する
煙を検知	光電式スポット型感知器	感知器の内部に煙が入ると、発光部から出る光が煙の粒子にあたって乱反射するので、それを受光部で感知する
	光電式分離型感知器	送光部の感知器と受光部の感知器間の目に見えない光ビームが、煙によってさえぎられることを感知する
炎を検知	紫外線式・赤外線式スポット型感知器	炎の中に含まれる紫外線や赤外線を検知する。紫外線式感知器は紫外線の変化が、赤外線式感知機は赤外線の変化が、それぞれ一定の量になったときに感知する

b. 防排煙連動

　火災が発生した場合、延焼拡大防止および煙汚染拡大防止を目的として、一定面積ごとに防火区画・防煙区画を設けなければならない。各区画は、防火戸、防火シャッター、防煙シャッター等により形成されるが、これらは日常的には開放状態で使用されることが多く、感知器の発報と連動して自動閉鎖させることが必要となる。この、自動閉鎖させるための感知器を連動感知器[19]と言う。

　排煙設備[20]は、火災によって発生した有害な煙を外気へ放出する設備であるが、この際、換気設備や空調機が当該室内で運転していると煙を撹拌してしまい、排煙設備の能力を低下させる原因となる。よって、自動火災報知設備の動作（感知器連動）または排煙設備の運転信号によって、換気設備や空調機を停止させることが望まれる。

(2) 中央監視と制御

　消防法では、建物の高さ、規模、用途により、火災時における消防隊の活動拠点となる防災センター[21]の設置が義務づけられている。防災センター内には、建物内の防災設備を一元的に監視・制御することが可能な装置として、総合操作盤の設置が義務づけられる。

　一方、建築基準法では、建物の規模や高さにより、中央管理室の設置が義務づけられている。中央管理室に必要な機能は、以下の通り定められている。

・非常用エレベーターの呼戻し装置およびかごとの連絡装置等
・機械換気設備の制御および監視
・中央管理方式の空調設備の制御および監視
・排煙設備の制御および作動状態の監視

　防災センター（中央管理室）は、日常においては建物管理を集中的に行うことが可能なコントロールセンターとして使用されるが、火災時や災害時には、消防活動および復旧活動における拠点となる重要な部屋である。建築基準法により、避難階またはその直上階、直下階に位置し、外部からの出入りが容易であり、非常用エレベーター、特別避難階段と容易に連絡できる位置に計画する必要がある。

19) 連動感知器
連動対象の防火シャッターや防火戸などから、1m以上かつ10m以内の場所に設置することが法的に規制されている。

20) 排煙設備の起動
感知器との連動ではなく、手動開放装置もしくは、防災センター等からの手動運転とすることが一般的である。感知器誤作動による排煙設備の起動を抑止するためであるが、所轄の行政機関などから、排煙設備と感知器の連動を指導される場合もある。

21) 防災センター
消防法では事務所ビルの場合、15階以上かつ延床面積30,000㎡以上、あるいは、50,000㎡以上の規模になると、防災センターならびに総合操作盤の設置が必要となる。また、地階が5,000㎡以上など、消防長または消防署長が、火災予防上必要があると認めて指定する場合は、設置の義務が生じる場合がある。
建築基準法では中央管理室は、高さが31mを超えて非常用エレベーターの設置が必要な建物に義務づけられている。
中央管理室と防災センターは同一の部屋としてもかまわない（153頁参照）。

5.6 避難用の照明設備

(1) 非常用の照明装置

非常用の照明装置[22]は、火災や災害発生時に、建物内にいる人を安全に避難させることを目的として、建築基準法により設置が義務づけられている。

非常用の照明装置は、居室から屋外までの避難経路に設置が必要であり、床面において1lx（光源が蛍光灯の場合は2lx）以上の照度が確保できるよう配置する必要がある。

また、非常用の照明装置の電源には予備電源が必要で、停電時にも30分以上の点灯が義務づけられている。

(2) 誘導灯設備

誘導灯[23]は、消防法によって規定されている避難用の照明設備であり、居室[24]から屋外までの避難経路に設置が義務づけられている。また、使用する場所により種類や大きさが定められている（図5.17、表5.4、表5.5）。

誘導灯の電源には非常電源が必要で、停電後も20分以上の点灯が可能でなければならないが、大規模建物の場合は、屋内から直接地上へ通じる出入口に設置する避難口誘導灯は60分以上の点灯が必要となる。

22) 事務所ビルにおける非常用の照明装置
建築基準法において、以下に該当する規模の居室、通路、ロビー等に設置が義務づけられている。
・階数が3以上で延べ面積が500㎡を超える建築物
・延べ面積が1,000㎡を超える建築物

非常用の照明装置の例（天井埋込型）

23) 事務所ビルにおける誘導灯
消防において、地階、無窓階、11階以上の階に設置が義務づけられている。

24) 居室
居住、作業、娯楽などの目的のために継続的に使用する室のこと。

避難口誘導灯　　通路誘導灯
（高輝度型）　　（高輝度型）

通路誘導灯（階段・傾斜路用）

避難口誘導灯
（ランプ点滅・音声誘導機能付）

図5.17　誘導灯の種類

不特定多数の人が多数出入りする建物の最終避難口に設置する場合がある。自動火災報知設備との連動で点滅・音声誘導が起動する。

表5.4　誘導灯の種類

種類		概要
避難口誘導灯		避難口に設置し、避難口であることを示す
通路誘導灯	室内・廊下に設置	室内や道路に設置し、避難する方向を示す
	階段・傾斜路に設置	避難経路となる階段や傾斜路に設置し、避難の方向（当該階の表示等）を示すとともに、避難上有効な明るさを確保する

表5.5　誘導灯の大きさ

種類		表示面の縦寸法（m）	表示面の明るさ（カンデラ）	有効範囲（m）	
				矢印なし	矢印あり
避難口誘導灯	A級	0.4以上	50以上	60	40
	B級	0.2以上 0.4未満	10以上	30	20
	C級	0.14以上 0.2未満	1.5以上	15	—
通路誘導灯	A級	0.4以上	60以上	—	20
	B級	0.2以上 0.4未満	13以上	—	15
	C級	0.14以上 0.2未満	5以上	—	10

5.7　予備電源・非常電源

　防災設備は、電力会社からの電源供給が途絶えた場合にも動作できることが必要であり、建築基準法ならびに消防法でも、予備電源・非常電源の設置が義務づけられている。蓄電池設備や自家発電設備がこれに該当する。

(1) 予備電源 [25]

　建築基準法では、常用電源が途絶えた場合のバックアップ用の電源を「予備電源」として規定している。建築基準法に準じた予備電源では、以下のような要件を満たす必要がある。

・常用の電源が絶たれた場合に自動的に切り替えられる。
・蓄電池または蓄電池と自家用発電装置の組合せ。
・充電を行うことなく継続して電源を供給できる。

　また、予備電源は、非常用の照明装置ならびに排煙設備で30分[26]、非常用エレベーターが60分、継続して電源を供給できる必要がある。

(2) 非常電源

　消防法で規定されている「非常電源」は、以下の3種類に大別できる。

a. 非常電源専用受電設備 [27]

　高圧で受電し、非常電源回路および高圧の受電設備として使用する機器一式を金属箱に収納したもの。非常電源回路は他の非常電源回路または他の電気回路の開閉器または遮断器によって遮断されないようにする必要がある。

b. 自家発電設備 [28]

　原動機（ディーゼルエンジン、ガスタービン等）、発電機、制御装置等によって構成されるもの。常用電源が停電した場合、自動的に起動、電圧確立、送電が行われる。常用電源が停電してから送電までの所要時間は40秒以内とする必要がある。

c. 蓄電池設備

　蓄電池（鉛蓄電池、アルカリ蓄電池等）と充電装置等によって構成される。自動的に充電され、常用電源停電時には無瞬断で電気を供給できる回路となっている。

　また、非常電源は、消防設備等ごとに定められた作動継続時間[29]以上の連続運転が可能なものとする必要がある。

---

25) 予備電源
蓄電池または自家発電設備のいずれを選択してもよいが、一般には、停電時の即時点灯が求められる非常用の照明装置には蓄電池が用いられ、排煙設備や非常用エレベーターには自家発電設備を予備電源とする例が多い。

26) 非常用の照明装置
蓄電池のみで30分点灯させる場合と、10分程度は蓄電池とし、以降の点灯は自家発電設備を利用する場合がある。
非常用の照明装置には、蓄電池を内蔵しているタイプと、内蔵していないタイプがある。蓄電池の数が多くなるとメンテナンス（電池残量のチェックや電池交換）の費用が増加するため、中規模以上の建物の場合には、蓄電池を電気室等に集中して設置し、各照明器具へ予備電源を供給する方式が一般的である。

27) 非常電源専用受変電設備
特定防火対象物で1,000㎡未満の建物、または特定防火対象物以外の建物に採用できる。
一般的な事務所ビルは特定防火対象物ではないため採用が可能であるが、店舗等の用途と複合する場合には、特定防火対象物となり採用できない場合がある。

28) 自家発電設備
常用発電機を非常電源として兼用して利用することが可能である。

29) 作動継続時間
不活性ガス消火設備、ハロゲン化物消火設備、粉末消火設備の場合60分、そのほか消防設備では30分とされている。

6 事務所ビルの省エネルギー・環境技術

(1) 雨水・雑用水利用設備

建物の屋根面からの雨水や、給湯室・手洗い等の排水を処理して、中水としてトイレ洗浄水など利用する設備である。雨水利用設備は、屋根面から雨水を集水し、スクリーン、沈砂槽、沈殿槽で砂を除去した後、ろ過装置、消毒槽で浄化し使用される。排水利用設備は、スクリーン、生物処理槽、沈殿槽、ろ過槽を経て、消毒槽で浄化し使用される。

雨水・雑用水利用設備は、水の有効利用を図ることができ、下水道施設への負担も減らすことができる。

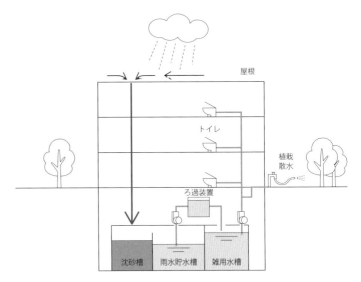

図6.1　雨水利用の考え方

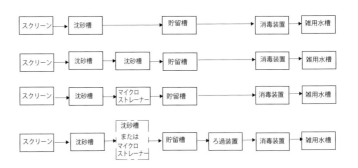

図6.2　雨水の処理フロー

(2) 全熱交換機

　空調熱負荷は、外部からの熱流、内部発熱、外気負荷に大気中の水蒸気（湿度）に影響する潜熱に分類され、顕熱と潜熱を合わせて全熱という。全熱交換機の特徴については、住宅の項で説明しているが、住宅や小規模事務所ビルで用いられる全熱交換器は、静止型が用いられる（戸建て住宅35頁参照）。一方、空調機のある中〜大規模の事務所ビルには、空調機と組み合わせた回転型が導入されることが多い。

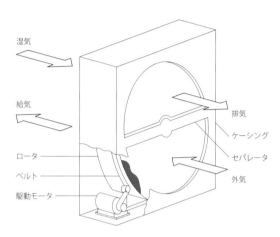

図6.3　全熱交換機の仕組み

(3) 潜顕分離空調（デシカント空調）

　夏場の外気には水蒸気が多く含まれており、冬場の外気には水蒸気は少ない。よって外気負荷には、潜熱の熱負荷が非常に多い。冷房時には、空気の冷却・除湿が一般的に行われ、暖房時には、加熱と加湿が行われている。一般的な事務所ビルでは、冷房負荷が暖房負荷よりも大きい。冷房では、空調機のコイルで空気を露点温度以下の除湿に必要な温度まで冷却するため、供給する冷水温度は7℃程度となり、熱源機器の効率が悪くなる。そこで、外気の冷却（顕熱）と除湿（潜熱）を別々に行うさまざまなタイプの潜顕分離空調（デシカント空調）が開発されている。

　潜顕分離空調（デシカント空調）の例を、図6.4に示す。冷房時においては、外気の除湿を吸着剤（デシカントローター）により行い、除湿後の外気を空調機の冷却コイルによって冷却する。結果として、冷却コイルに供給する冷水温度を上げることができ、熱源機器の効率が向上し、エネルギー消費量が小さくなる。ただし、吸着剤は、使用に伴い吸着能力が低下するので、適宜再生する必要がある。再生の過程で、吸着材から吸着した水分を蒸発させるため、加熱をしなければならない。加熱熱源として、冷凍機からの排熱や、後述するコージェネレーション排熱、太陽熱利用などを採用することにより、さらなる省エネルギーが図られることもある。

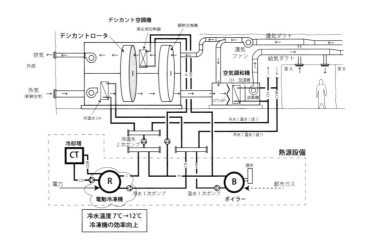

図6.4 潜顕分離空調（デシカント空調）

（4）地中熱利用

　地中の温度は、特に不易層と呼ばれる地下30m以下については、年間を通してほぼ安定しており、一般にその場所の年間平均気温±数℃程度の温度となっている。この安定した温度を利用することを地中熱利用という。

● クール／ヒートトレンチ、アースピット

　換気に伴う外気負荷を軽減するために、外気をいったん地中に通してから建物内に導入するシステムとして、クール／ヒートトレンチ、アースピット、クール／ヒートチューブがある。クール／ヒートトレンチは、事務所ビルの基礎部分の地下ピットを利用し、外気は地下空間を流れること過程で、夏場は冷やされ、冬場は暖められ、外気負荷が軽減される。

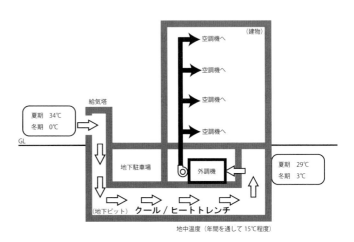

図6.5 クール／ヒートトレンチの仕組み

● 地中熱利用ヒートポンプ

　地中熱利用ヒートポンプには、地下を流れる地下水を、直シス

テムで利用するものと、地下を通る配管に不凍液等を通してヒートポンプで熱利用するクローズドシステムがある。一般にクローズドシステムが利用される。ヒートポンプは、放熱する際の温度が低ければ低いほど、採熱する温度が高ければ高いほど、効率が上がる性質がある。地中の安定した温度を利用することにより、夏季冷房時は外気利用よりも低い温度で放熱でき、また冬季暖房時には高い温度で採熱でき、年間を通じて高い効率で運転できるため、一般の空気熱源ヒートポンプと比較してエネルギー消費量が小さくなる。ただし、地下水の有無、地層の構成などにより、地中の熱特性が場所によって異なるので、地中熱ヒートポンプを導入する際には、事前調査を行うなど、地中の熱特性を考慮する必要がある。

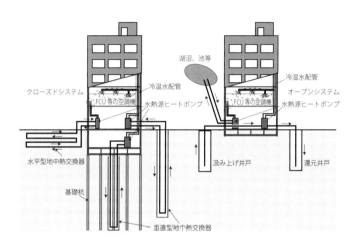

図6.6　地下熱源ヒートポンプ（GSHP）の種類

(5) 照明のコントロール

事務所ビルで消費されるエネルギーのうち、照明設備が占める割合は20%程度であり、照明設備の消費電力を削減することは、ビル全体の省エネルギーに大きく貢献する。

照明電力を削減するための代表的な手法としては、自動調光制御があげられる。自動調光制御は、①初期照度補正制御、②昼光連動制御、③不在連動制御、④スケジュール制御の4つに分類される[※]。

初期照度補正制御は、照明器具やランプが初期段階では保守率の低下がなく、設計照度より過剰な明るさが確保されてしまう部分について、照明器具の出力を調整する仕組みである。

昼光連動制御は、窓からの採光により明るさが確保される分、人工照明の出力を下げる制御を行うものである。

不在連動制御は、利用者が不在となったエリアの照明の減光や消灯を行う制御である。

スケジュール制御は、昼休みなどの高照度を必要としない時間帯に照明器具の出力を下げる制御を行う。

【参考】用途別の消費エネルギー比率
事務所ビルにおける用途別の消費エネルギーの比率は、さまざまな数値が公表されているが、ここでは、（財）省エネルギーセンターが公表している数値を採用した。

【参考】初期照度補正制御と昼光連動制御
明るさを検知するセンサーが用いられる。一般には、これら2つの制御は同一のセンサーが利用される。

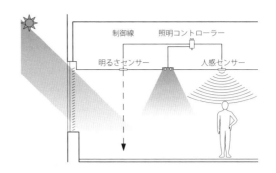

図6.7　自動調光制御の仕組み

(6) 昼光利用

　昼光は、適切な量を採光することにより、照明と空調の消費エネルギーを削減する効果がある。昼光利用の手法としては、庇の反射光を欄間部分から採り込むライトシェルフ、高反射材料で構成されたダクトによって室内の奥まで光を採り込む光ダクト、ブラインドのスラット角を太陽高度や方位、直射光の状況によって調節する自動ブラインド制御などがある。また、ライトウェルは採光のため設けられた光庭のことで、頂部に反射板を設けて下部に光を導く場合もある。

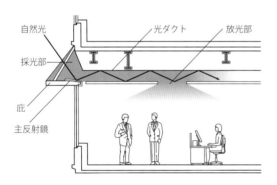

図6.8　光ダクトによる昼光利用

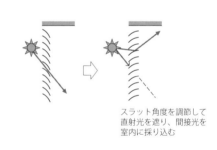

図6.9　自動ブラインド制御

図6.10　ライトウェル

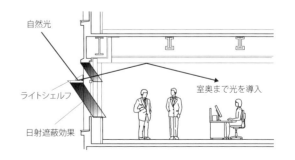

図6.11　ライトシェルフ

(7) コージェネレーションシステム

コージェネレーションシステムとは、ガス等の燃料を使って電気と熱を取り出し、利用するシステムのことである。発電すると同時に、排熱を給湯や空調、蒸気などの形で有効に活用する。

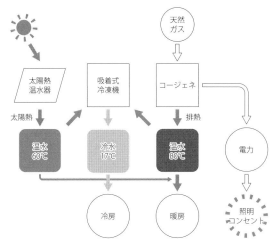

図6.12　コージェネレーションシステム

(8) 節水・節湯器具

節水・節湯器具とは、水・湯の使用量を削減するためのものである。

節水器具には、トイレでは、節水型便器、自動水栓、給湯室では、節水コマ、水優先吐水機能つき水栓、手元止水機能つき水栓などがある。水優先吐水機能つき水栓は、シングルレバー水栓で、レバーハンドルが正面に位置するときに湯が吐出されない構造となっており、無駄な湯の使用を削減するものである。手元止水機能つき水栓は、ボタンやセンサー等のスイッチにより、吐水および止水操作ができる機構をもち、使用者が簡易に吐水・止水することにより無駄な湯水の使用を削減するものである。吐水および止水操作ができるスイッチつき浴室シャワーヘッドも手元止水機能付き水栓である。

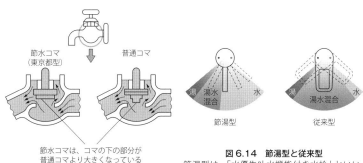

図6.13　節水コマと普通コマ
節水コマは、コマの下の部分が普通コマより大きくなっている

図6.14　節湯型と従来型
節湯型は、「水優先吐水機能付き水栓」といい、水の出る範囲が約半分となっている。

6　事務所ビルの省エネルギー・環境技術

(9) 太陽エネルギー利用

事務所などの非住宅建築物においても、戸建て住宅と同様に、太陽エネルギーで発電する太陽光発電と、熱として利用する太陽熱利用がある。

● 太陽光発電

戸建て住宅と同様に、太陽光発電パネルとパワーコンディショナーで構成され、建物に電力供給をする。太陽光パネル設置場所は屋根やベランダのほか、外壁やルーバーに建築一体型で設置するケースや、シースルー型を窓に設置するケースなど多様化している。

図6.15 太陽光発電パネルの設置例
（大成建設技術センター ZEB実証棟）

● 太陽熱利用

事務所などの住宅以外の建物においても、太陽エネルギーを熱として利用することが可能であり、その用途は暖房・給湯だけでなく、冷房にも活用されている。

集熱する媒体として水や不凍液（ブライン）を用い、これを太陽集熱器に循環させて太陽熱を収集する。太陽熱温水は、直接利用されるか蓄熱槽に貯めて使用される。冷房用の冷熱として利用する場合は、吸着冷凍機、吸収冷凍機を介して冷熱に変換される。

図6.17 集熱器

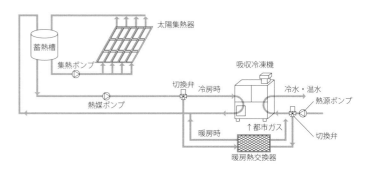

図6.16 太陽熱冷暖房システムの例

(10) 地域冷暖房

地域冷暖房とは、ある地域内の複数の建物に対し、熱供給設備（地域冷暖房プラント）からパイプライン（地域導管）を通して冷水、温水、蒸気などの熱を供給するシステムを指す。

地域冷暖房のメリットとして、各建物で熱源設備が不要となるため、通常の建物と比較し建物内の有効スペースが増加する。熱源設備の一元管理により高度な運用が可能となるため、高効率システムの導入や、高効率運転が可能となる。また工場排熱、河川水などの未利用エネルギーの導入によるさらなる省エネルギーが可能となる点があげられる。

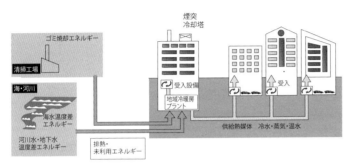

図6.18　地域冷暖房

(11) BEMS (Building and Energy Management System)

BEMSとは、広義において、監視制御設備（中央監視、EMS[1]、BMS[2]）に、故障検知診断・性能検証システム（BOFDD Cx）、施設運用支援システム（FMS）、防災・防犯システム（FDS）を含んだシステムの総称である。狭義では、EMSの機能のみを指す場合もある。建物の省エネルギーの観点からは、特にEMSやBOFDD Cxのデータをもとに、建物や設備の運用改善を行っていくPDCA（Plan-Do-Check-Action）サイクルを回すことにより、常に省エネルギー化を検討・実行することが重要である。

1) EMS
エネルギーマネジメントシステム。

2) BMS
ビル設備管理支援システム。

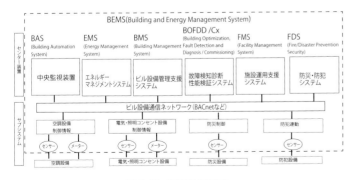

図6.19　BEMSの仕組み

7 事務所ビルの設備スペース

7.1 空調・衛生設備

(1) 熱源機械室

　冷水・温水をつくる冷凍機や冷温水発生機、つくった冷水・温水を建物内へ供給する冷水ポンプや温水ポンプが配置される。

　また、屋上には冷却塔や空冷ヒートポンプチラーが設置される場合がある。

ターボ冷凍機

熱源機械室
冷温水ポンプ、ヘッダー等

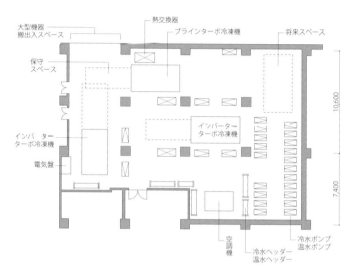

図 7.1　熱源機械室の配置例

空冷ヒートポンプチラー

冷却塔

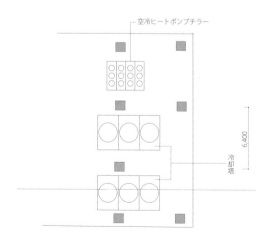

図 7.2　屋上機械置場の配置例

(2) 空調機械室

空調機を設置するほか、一次側の冷温水配管、給気ダクト、排気ダクトなどが設置される。また、居室への騒音を抑制するための消音チャンバーが配置される場合もある。

空調機械室

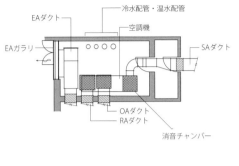
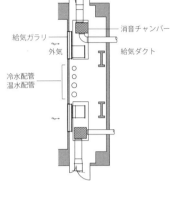

図7.3　空調機械室の配置例

(3) 受水槽室

受水槽と給水ポンプは地下階に、高置水槽は屋上に設置される場合が多い。上水（飲用水）とは別にトイレ洗浄用に雑用水系統が設置される場合もある。加圧給水方式が採用される場合には高置水槽は不要となる。

受水槽

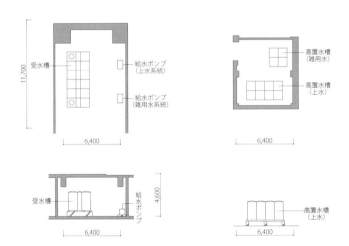

図7.4　受水槽室・高置水槽の配置例

高置水槽

7　事務所ビルの設備スペース

7.2 電気設備

(1) 電気室

受変電設備を設置するスペース。建物内の負荷の中心近くに設けると、幹線設備の長さ・サイズを抑制できるため、効率のよい配電が行える。建物の規模が大きくなると複数に分割する場合もある。

【参考】電気室の設置
事務所ビルでは、電気室は地下階または屋上階に設置することが多い。
実装する設備機器のほか、更新スペース、増設スペース、搬出入経路などを確保することが重要である。

特高電気室

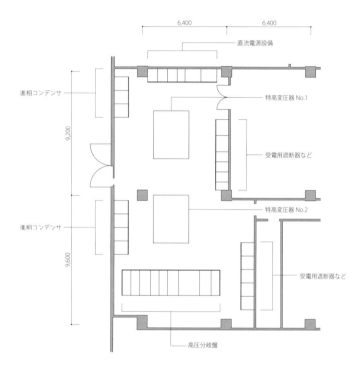

図7.5 特高電気室（2回線受電）の配置例

高圧電気室

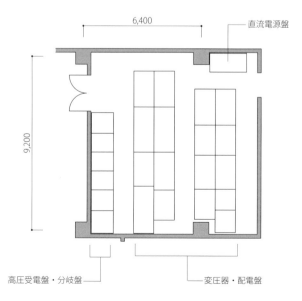

図7.6 高圧電気室の配置例

(2) 発電機室

非常用または常用発電機を設置するスペース。発電機本体のほか、エンジン始動用の直流電源、自動始動装置、燃料サービスタンク等を配置する。

エンジン発電機の排気ガスは、煙道・煙突を経由して屋上で大気に放出することが一般的である。

【参考】発電機のエンジン

発電機のエンジンは、自動車のエンジン同様に冷却が必要である。冷却方式としては、水冷式または空冷式が一般的である。
水冷式の場合は冷却水の確保が必要で、大規模災害時に長時間運転が想定される場合は、運転時間に見合う冷却水を確保する必要がある。
空冷式の場合には冷却水は不要であるが、発電機室内の給排気量が多くなる。
常用発電機（コージェネレーション）の場合には、排ガスボイラー等の付帯設備が追加となる。

非常用発電機

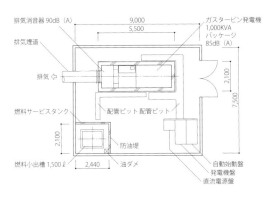

図7.7 発電機室の配置例（ガスタービンエンジン・屋内）

(3) 中央管理室（防災センター）

監視装置のほか、消火の拠点活動のための打合せスペースを確保する必要がある。

中央管理室

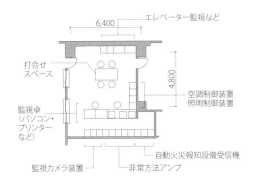

図7.8 中央管理室の配置例

(4) EPS（電気パイプスペース）

電気幹線や主要な通信ケーブルが敷設される。照明やコンセントへ配線を分岐する分電盤等も設置される。

EPS

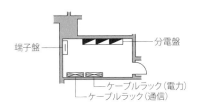

図7.9 EPSの配置例

IV

集合住宅の設備

1 集合住宅の設備の概要

1.1 集合住宅の建築設備の概要

集合住宅における建築設備は、共用設備としては各住戸へのインフラ供給をになう①給水設備、②排水設備、③ガス設備、④電気設備、集合住宅内の共用部分に対する⑤換気設備、⑥冷暖房設備、また建物の安全性、利便性を高める⑦昇降機設備、⑧防災設備がある。

専有設備としては、各住宅の生活に必要となる設備として、戸建て住宅と同様、⑨専有部給排水設備、⑩専有部換気設備、⑪専有部冷暖房設備、⑫専有部電気設備、⑬専有部ガス設備がある。

ここでは、規模として100戸程度の集合住宅を前提に解説する。

■共用設備

①**給水設備** 公道埋設の水道本管より引き込み、増圧ポンプにより給水圧を加圧し、高層部を含めた各住戸に上水を供給する。各住戸手前に水道メーターを設置する。

②**排水設備** 各住戸の排水を排水たて管で集水、最下階まで排水し、以降公共下水道管に放流する。

③**ガス設備** 公道埋設のガス本管より引き込み、各住戸にガスを供給する。

④**電気設備** 電力会社高圧電力を借室電気室にて低圧電力に降圧し、各住戸に電力を供給する。

⑤**換気設備** 共用ゴミ置場、電気室等の共用諸室の臭気排除、排熱等を目的とし、換気ファン等により機械換気を行う。

⑥**冷暖房設備** エントランス、集会室、屋内廊下等の共用エリアの冷暖房を行う。一般には業務用エアコンが使用される。

⑦**昇降機設備** 上下階の人荷の移動のため、エレベーターを設ける。

⑧**防災設備** 火災、ガス漏れ等に対する消火設備、警報設備等を設ける。

■**専有設備（戸建て住宅同様、住戸内の諸設備がこれに該当する）**

⑨**専有部給排水設備** 各住戸メーター以降、住戸内の各水栓器具まで水を供給する。また、住戸内の各住設機器（トイレ、洗面等）の排水と排水たて管までを排水する。

⑩**専有部換気設備** 各住戸の水回り、こんろ回りの換気を行う。また住戸内の24時間低風量換気を行う。

⑪**専有部冷暖房設備** 各住戸の居室の冷暖房を行う。一般にはルームエアコンが使用される。

⑫**専有部電気設備** 各住戸手前に電力メーターを設置し、各戸分電盤を経由後、住戸内各所の電灯コンセント、設備機器等に電力を供給する。

⑬**専有部ガス設備** 各住戸手前にガスメーターを設置し、住戸内のガスこんろ、給湯器等にガスを供給する。

【参考】集合住宅の専用部分と共用部分

建物の構成は、個々の世帯が使用する「専有部分」と複数の世帯が共同で利用する「共用部分」に分かれる。分譲マンションの場合、専有部分は譲渡可能な対象であり、購入者個人の財産となる部分である（区分所有権）。共用部分は購入者全員の共有財産となる。

建築設備についても同様に、建築躯体により区分けされた内部は「専有部設備」となり、それ以外は「共用部設備」となる。

共用設備としては、電力や水、ガスなどを供給するインフラに該当する設備や、火災に対する安全性を高める防災設備が必要となる。

専有部設備としては、各住宅の生活に必要となる設備として、戸建て住宅と同様の設備が設置される。

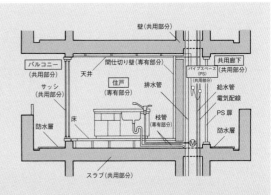

図 1.2　住戸部分にみる共用部分と専有部分

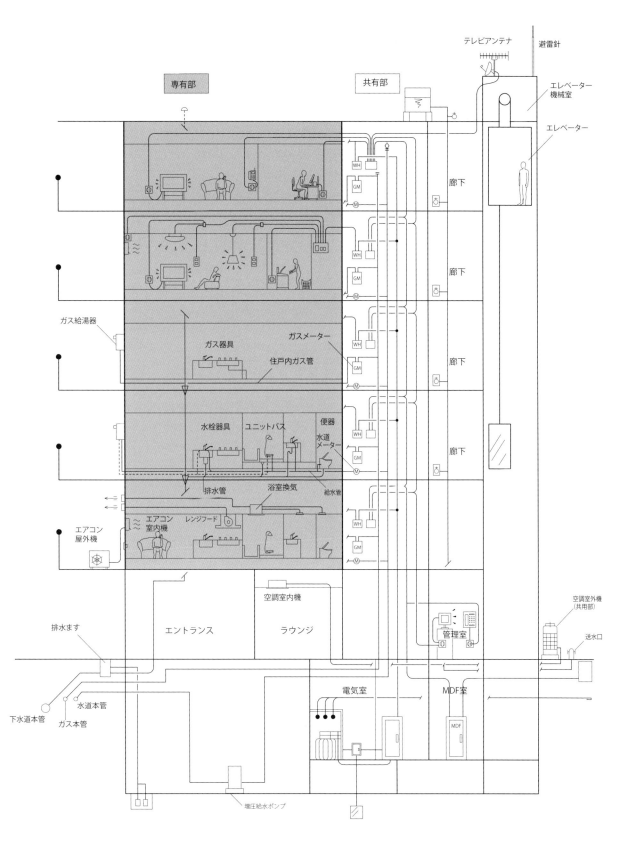

図 1.1 集合住宅の建築設備概要

1 集合住宅の設備の概要

2 集合住宅の給排水・衛生設備

2.1 給排水・衛生設備のつながりと構成

　集合住宅の給排水・衛生設備とは、公共水道からの上水やガスを各住戸に分配し、各住戸内の衛生器具、ガス器具に供給、また各戸の衛生器具から出る排水を集約し公共下水道に放流するための設備である。いわば「各住戸の各器具にインフラを供給する設備」といえる。その構成は、各住戸にインフラを分配する共用設備（給水、排水通気、ガス）、戸建て同様に住民が使用する住戸内設備（給水、給湯、ガス、衛生器具）、雨水排水設備等で構成される。

　集合住宅のもっとも一般的な例として、増圧直結給水方式、都市ガスの場合を例にとり、給排水・衛生設備のつながりを説明する。

◆給水設備

　各住戸へ水を供給する設備。戸建て住宅と違い階数が高いため、水道本管から上水を引き込み、増圧直結ポンプで加圧後、共用給水管により各住戸に上水を分配する。住戸手前には計量のためメーターを設置する。

◆ガス設備

　各住戸へガスを供給する設備。ガス本管より引き込み、共用ガス管により各住戸にガスを分配する。住戸手前には計量のためメータを設置する。都市ガス本管がない地域では共用プロパンボンベよりガスを供給する場合がある。またオール電化住宅ではガスを使用しないため、ガス設備をもたない。

◆排水・通気設備

　生活排水を行う排水通気設備と雨水排水を行う雨水排水設備がある。各住戸のトイレ、風呂等から出る排水を共用排水管で集約し、たて管で最下階まで下ろした後、下水道本管に排水する。また排水をスムーズに行うため、適宜排水管に対し、通気をとる。雨水排水設備は屋根、敷地に降った雨を集水し建物外に排水する。集水後は公共雨水本管に排水する。

表2.1　給排水・衛生設備の構成要素と概要

構成要素		概要
1. 給水設備		
	a. 水道本管	浄水場から水を供給する公共配管
	b. 給水引込管	水道本管から分岐し、建物に上水を引き込む管
	c. 増圧給水ポンプ	給水引込管からの水を加圧し、各住戸に供給する機器
	d. 量水器（水道メーター）	各住戸で使用した水を計量するためのメーター
	e. 住戸内給水管	量水器以降の住戸専用の給水管
	f. 衛生器具・水栓器具	洗面、浴室、台所、便所等の上水を吐水・止水し、使用する器具
2. ガス設備		
	a. ガス本管	ガス製造所から各所にガスを供給する公共配管
	b. ガスメーター	各住戸へ供給されるガスを計量するメーター。地震時やガス漏れ時に自動的に遮断させる機能を持つ
	c. 住戸内ガス管	ガスメーターより先の住戸専用のガス管
	d. ガス器具	ガスこんろ、ガス給湯器等、ガスを燃焼させて直火や湯をつくる機器
3. 排水・通気設備		
	a. 衛生器具	上水使用後の排水のため水受けを持ち、排水管に接続し排水を流す器具。トラップを併設している
	b. 住戸内排水管	衛生器具から集合管までの住戸専用の排水横引管
	c. 集合管継手	各住戸の排水から出る排水を排水たて管に接続するための特殊な継手
	d. 排水たて管	各住戸から出た排水を集約し、最下階へと導く配管
	e. 通気管	排水管内の排水をスムーズに流すために、排水管内に空気を流入させる配管
	f. 排水横主管	排水竪管からの排水を最下階で集約し、屋外へと導くための横引配管
	g. 屋外排水管・排水ます	建物から出た排水を下水本管に放流するもの
	h. 雨水排水設備	雨水排水を下水道へ放流する設備

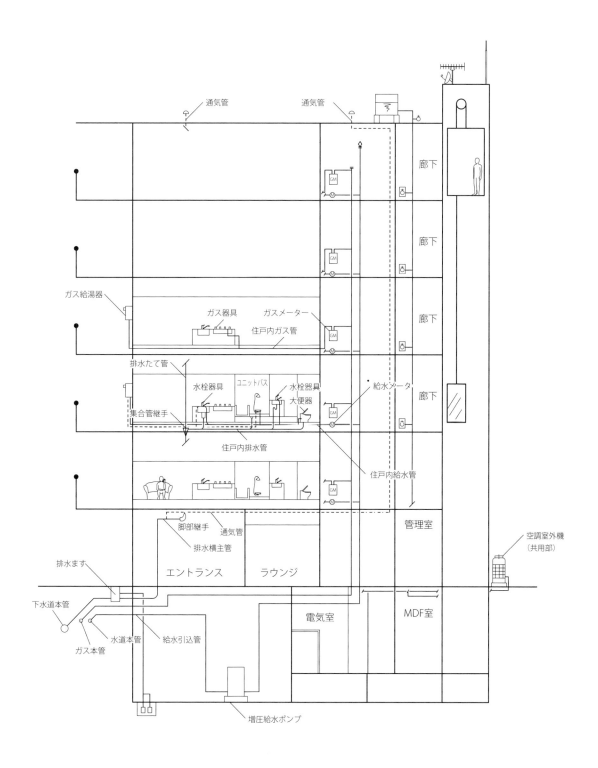

図 2.1　集合住宅の給排水・衛生設備のつながり

2.2 給排水・衛生設備の機器

(1) 給水設備

集合住宅で代表的な給水設備方式である水道直結増圧方式について解説する。敷地外の水道本管から図 2.2 の系統図に示す経路を経て各住戸に上水が供給される。

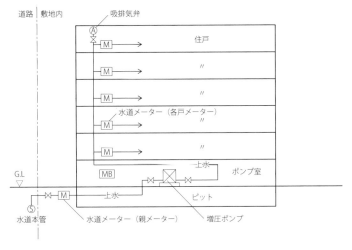

図 2.2 水道直結増圧方式の系統図

図 2.3 増圧ポンプ

a. 水道本管

　事務所ビルの項 (62 頁) を参照。

b. 給水引込管

　事務所ビルの項 (62 頁) を参照。

c. 増圧給水ポンプ

　集合住宅の各住戸に適正な水圧で上水を供給するために、水道本管より供給される上水を加圧、送水するポンプ。給水引込管に直接設置し、受水槽を経由しないため、衛生的であり、新鮮な上水を各住戸に供給することができる。一方で水道本管に直接接続される機器でもあるため、逆流防止機構を備えるなど衛生上の配慮が必要で、水道局認定機器でないと使用できない。

d. 量水器 (水道メーター)

　戸建て住宅の項 (18 頁) を参照。

　大規模集合住宅等で住戸数が多い場合、集中検針設備を導入する場合がある。各住宅の量水器をパルス信号等を出力可能なものとし、集中検針盤にその信号を集約することで、各住戸の使用水量を集中検針盤により検針することが可能となる。

図 2.4 パルス式メーター

e. 住戸内給水管

　戸建て住宅の給水管に該当する、量水器以降の住戸内の衛生器具に上水を分配する配管。通常集合住宅では自住戸の二重床内または天井内を配管ルートとする (204 頁「7　集合住宅の建築設備と設置スペース」参照)。

f. 衛生器具・水栓器具

　戸建て住宅、事務所ビルの項を参照。

図 2.5 集中検針盤

(2) ガス設備

集合住宅のガス設備では、図2.6の系統図に示すように敷地外のガス本管から本管の供給圧により各戸にガスが供給される。

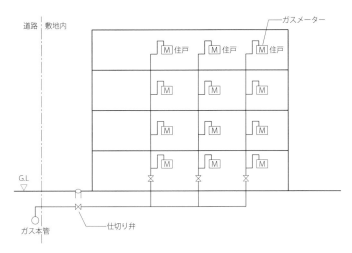

図2.6 ガス設備の系統図

図2.7 ガスマイコンメーター

a. ガス本管

ガス製造所で製造される都市ガスを供給する公共配管である。水道本管に比べると普及率が低く、都市部以外ではガス本管が整備されていない場合がある。その場合は、LPG(液化石油ガス)を採用するか、オール電化とする。

b. ガスメーター

ガス使用量を計量するメーター。ガス会社により設置される。ガス漏れを防止する機能や地震時等に自動で緊急遮断する機能を持つマイコンメーターが使用される。

表2.2 ガスマイコンメーターの機能

システム	マイコンメーター動作		トラブル原因
基本	警報	ガス微量漏れ感知	微量のガス漏れ、口火連続使用
	自動遮断	最大流量オーバー感知	ゴム栓外れ、ガス栓誤開放
		器具の消し忘れ	継続使用時間オーバー
		地震感知	感震器からの信号
		ガス圧力低下	圧力スイッチからの信号
オプション	表示	ガス漏れ警報器連動	ガス漏れ警報器の発報
		不完全燃焼警報器連動	不完全燃焼警報器の発報

c. 住戸内ガス管

戸建て住宅のガス管に該当する、ガスメーター以降住戸内のガス器具にガスを分配する配管。通常集合住宅では給水配管同様、自住戸の二重床内または天井内を配管ルートとする(「7 集合住宅の設備スペース」204頁参照)。

d. ガス器具

戸建て住宅の項(19頁)を参照。

【参考】メーターボックス（MB）

　給水、ガス、電力の主たて管および各メーターが収容される場所。またメーターを境に共用設備と専有（住戸）設備の分岐点となる場所でもある。給水設備において共用設備の給水たて管・給水メーターが収容される。

　その他給湯器、電気設備等さまざまな設備が設置される場合もあり、水・ガス・電気が混在する場所となる。万が一、ガス漏れ等が発生した場合でもガスがMB内に滞留しないよう、計画上メーターボックスは「外気に開放された場所」とするか、防爆措置[1]が必要となる。

　屋外共用廊下を持つ一般的な集合住宅ではメーターボックスは各住戸1箇所ずつ玄関脇に配置される場合が多いため、必然的に外気に面した形態となる。一方、昨今のタワーマンションのようにMBが屋内廊下に設置される場合、外気に開放された場所とはならないため、MBはガスと電気とを同居させないようにする必要がある。

1）防爆処置
電気メーターとガスメーターが同居する場合には滞留したガスに火花が引火し爆発しないよう電気メーターを鉄箱に入れ密閉させる（防爆処置）ことが必要になる。

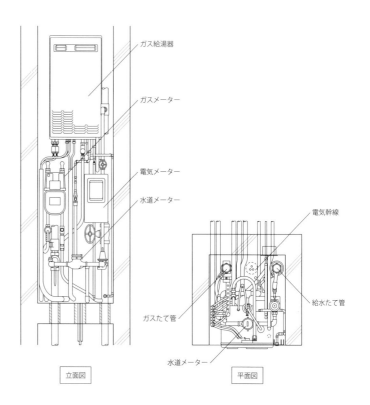

図2.8　メーターボックス

(3) 排水・通気設備

集合住宅の排水設備では図2.9の系統図が示すように、各住戸の衛生器具より屋内の排水管、屋内の排水ますを経て、下水道本管に排出される。近年は、集合継手を用いた集合管排水システムも採用されている（図2.10）。

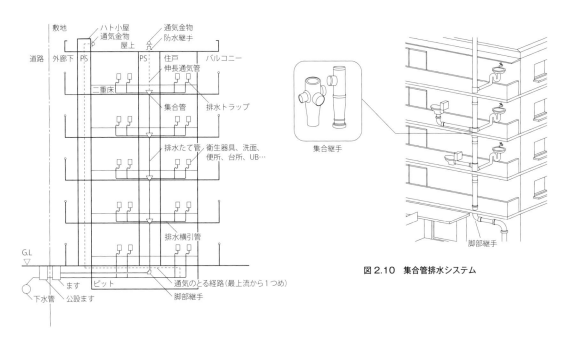

図2.9 排水・通気設備の系統図

図2.10 集合管排水システム

a. 排水器具・トラップ
事務所ビルの項（68頁）を参照。

b. 住戸内排水横引管
戸建て住宅の排水管に該当する、排水器具以降の専有部内の排水管。通常、集合住宅では自住戸の二重床内を配管し、PS内の排水たて管に至るルートをとる。

c. 集合管継手
排水横引管と排水たて管の合流箇所に使用される。2階建てアパートのような低層アパート等を除いてほとんどの集合住宅で採用されている。集合管は管内部に羽根形のフィンが設けられており、住戸横引管からの排水がたて管に流入する際、たて管内面に沿う旋回流を形成する[2]。これにより排水たて管内に通気コアが形成され、専用通気管を設けずともスムーズな排水が可能となる。

d. 排水たて管
各階住戸の排水を集合管で合流させたのち、最下階まで落とすたて管。最下階の排水はたて管に接続せず、別系統で排水する[3]。

2) 集合管の構造と通気コア
集合管内面のフィンにより排水はたて管内面に沿うように流れ（内面旋回流）、たて管中央部（コア部）は排水時の圧力を逃がす通気の役割を果たす。

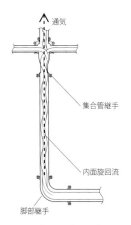

集合管継手部分の水流

3）排水たて管の系統分け

排水たて管は最下階とその上階は系統分けを行う（下図）。

これはたて管内を上階から垂直に落ちてくる排水が最下階エルボ部分で水平に向きを変える際、配管内の空気圧が大きく変動し、付近の排水器具部分で噴出し、吸込み等の発生を防ぐためである。

また排水横主管の詰まり等のトラブルが発生した際、住戸内への排水逆流等のリスクを少なくする意味もある。

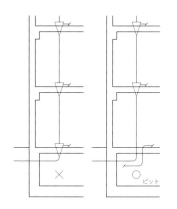

※ただし、近年では最下階系統を合流可能な特殊な集合管継手をつくるメーカーも出てきた。

e. 通気管

集合住宅の場合、前述の集合管を採用することで各戸の通気管は設けないことが一般的である。通気は集合管を設けた排水たて管の最頂部に伸頂通気管を設ける。

f. 排水横主管

排水たて管を通し上階から落ちてくる排水の向きを水平方向に変え、各排水たて管からの排水をまとめて屋外に排出する。一般的には最下階住戸下部に設けたピット内を配管ルートとする。

g. 屋外排水管・排水ます

建屋から出た排水管を下水道本管まで導く配管。配管の合流部、曲がり部等には排水ますを設ける。

（4）給湯設備

集合住宅の給湯設備は各住戸ごとに個別給湯を行うことが一般的で、戸建て住宅と同様の給湯器が使用される（「戸建て住宅」19頁参照）。

a. ガス給湯暖房機

集合住宅でよく使用されるのは、給湯器の中でも給湯系統に加え、暖房系統も併せ持つガス給湯暖房機で、図2.11に示すように給湯および温水による床暖房も同時に行うことが可能な機器である。

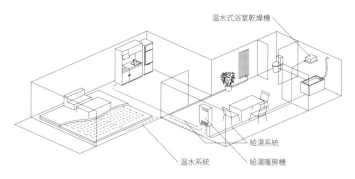

図2.11　集合住宅のガス給湯暖房

2.3 給排水・衛生設備方式の種類

(1) 給水設備

基本的な給水方式の種類は事務所ビルのそれと変わらないため、本項では集合住宅で特に採用例が多い以下2つの方式について集合住宅の採用にあたっての留意点を述べる。

a. 水道直結増圧方式

集合住宅においてもっとも一般的な方式である。3階建て程度の低層の場合は水道直結圧で給水できるが、4階建て以上の場合は水道本管の水圧が足りないので、増圧給水ポンプを設置し、水圧を上げ各所に給水する。しかし自治体により給水圧力や給水量等に制約があり、ある程度の住戸数（200戸程度）と高さ（14階程度）までしか対応ができない[4]。自治体で採用基準が異なることが多いため注意が必要である。

設置スペースは給水ポンプのみのため小さいスペースに設置可能である。一方、ピーク時の給水量でシステムの主管口径が決まるので給水引込管は受水槽方式に比べ太くなり、水道本管口径が細い地域では増圧給水方式が採用できないことがある。

b. ポンプ直送方式

設置スペースの面では水槽サイズとその法的メンテナンススペース（法定6面点検）で多くのスペースを必要とする。衛生面では受水槽に定期的な清掃およびメンテナンスを必要とする。また、極端に入居率が低い場合には受水槽の中の上水が使用しきれずに死水となる恐れもある。一方、水道本管の断水時や圧力の低下時にも受水槽の場合はある程度の給水が可能である（70頁「事務所ビル」の項を参照）。

東日本大震災以前は、主にスペース面、衛生面の理由により、集合住宅での受水槽の設置例が減少の一途をたどっていたが、近年では比較的大規模な集合住宅においてはLCP[5]の観点から断水時の水源のストックを重視する建物も増え始め、この方式が見直されつつある。

4) 多段増圧

これまで水道直結増圧方式は増圧給水ポンプの能力により、14階程度の高さまでしか給水ができなかった。しかし最近では、14階以上の高層建築物においても、増圧給水ポンプを2台直列に設置することで可能とした例が出てきている。

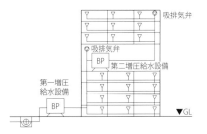

5) LCP (Life Continuity Plan)

事務所ビルのBCP (Business Continuity Plan) の住宅版。住宅での生命・住環境の維持や早期復旧のための計画。

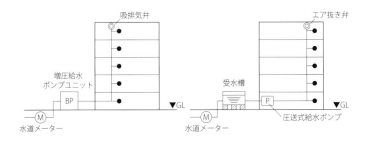

図2.12 水道直結増圧方式（左）とポンプ直送方式（右）

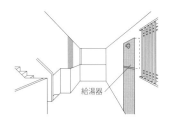

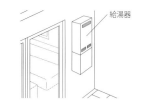

図 2.13 給湯器 設置方法
（上：MB 設置、下：バルコニー設置）

6）電気ヒートポンプ式給湯器の設置
建築基準法では、敷地内に建てられる建物の面積や容積の上限がある。このため設備スペースが大きくなると、その分、居住スペースを小さくしなければならないため、注意が必要である。
例えば、貯湯タンクは戸当たり 0.8㎡ ほどと小さくても、100 戸の集合住宅となると、居住スペースの減少分は 0.8㎡ / 戸× 100 戸＝ 80㎡ にもなる。

（2）給湯設備

集合住宅では住戸ごとの個別給湯が一般的であり、それぞれの住戸の給湯方式はガス湯沸器、電気ヒートポンプ貯湯式給湯器を採用するケースが多かった。ただし東日本大震災以降の電力供給の信頼度の低下と電力料金アップを機に後者の需要は少なくなっている。給湯方式そのものは戸建て住宅のそれと同様である。

集合住宅においてガス給湯器を設置する場合は、給湯器の設置に関する条件が厳しくなることに注意する必要がある。

給湯のガス燃焼時に給気や排気が必要となるため、給湯機は外気に開放されたスペースに設置することが必要で、必然的に屋外廊下に面するメーターボックス（MB）やバルコニーに設置することとなる。

また電気ヒートポンプ式給湯の場合、貯湯タンクは大きなスペースを必要とするため、住戸面積の限られた集合住宅では住戸プランへの影響が大きいため、MB 内もしくはバルコニーに設置されることが多い。タンクスペースは、この場合も容積対象面積にカウントされる場合がある[6]。最近では、容積対象面積を除外できる条例もあるので併せて自治体に確認しておきたい。

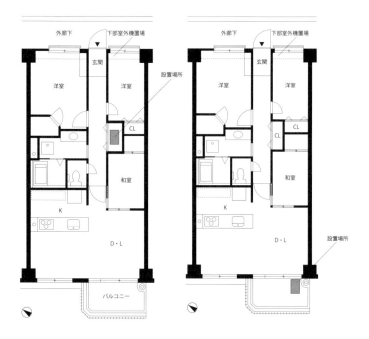

図 2.14　電気温水器設置場所 室内（左）、バルコニー（右）

(3) 排水・通気設備
a. 集合管による単管排水システム

　集合住宅の排水方式は一般排水のように排水管と通気管を併用せず、集合管を使用した単管排水システムの採用が一般的である。共用の排水たて管を通すPS（パイプスペース）を専有部内に設置し、住戸内の各排水箇所から横引配管を介してたて管へ集合管を用いて接続する。

　近年、PSを専有部内に設けずに共用スペースに設けるSI（スケルトンインフィル）方式が採用されている。この方式は排水たて管の更新性の向上や水回りプランの自由度が増すといったメリットがある。しかし、横引管からたて管までの距離が長くなるので、その分の勾配をとるための床下スペースが必要になるといったデメリットもある。

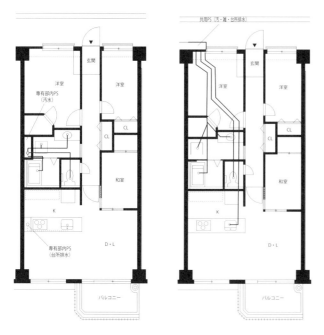

図2.15　専有部PS方式とSI方式

　集合住宅の排水は便所からの汚水排水と浴室・洗面・洗濯・台所からの雑排水に分けられる。この2系統の排水を分流させて屋外まで配管する場合と途中で合流させて配管する場合の2種類の方式があり、建物のグレードに合わせて選択する。雑排水の中でも台所でディスポーザーを使用する場合には台所排水管を単独系統とし、専用の処理槽に放流する必要がある。

b. ディスポーザー設備

　台所のシンクの下に設置し、水と一緒に生ゴミを流し粉砕させ、処理槽にて微生物による分解処理を経て下水道に放流させる。生ゴミが減ることにより環境負荷低減効果が見込まれ、採用する事例が増えている。ただし使用を認められていない自治体もあるので確認が必要である。

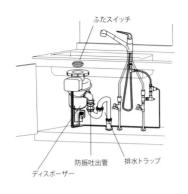
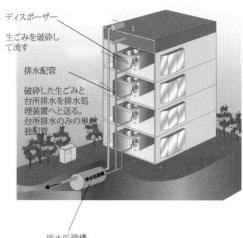

図 2.16 ディスポーザーシステム

ディスポーザーシステムの機器構成は図 2.17 のようになる。処理槽内の微生物の働きを高めるため、処理槽に空気を送り込むブロアを有し、また臭気の漏洩を防ぐため、臭突を屋上まで立ち上げ、ファンを設け強制排気する。

c. 屋外排水設備

屋外排水は、大きくは建物から出る生活排水（汚水・雑排水）と雨水排水に分けられる。これらは地域の下水道管が合流本管の場合は合流、雨水・汚水分流の場合はそれぞれの本管に分流で排水する。合流の場合には大雨の際、下水道本管から雨水排水が逆流し、住宅の排水器具から吹き上げる場合があるので建物と下水道本管のレベルを確認する必要がある。

d. 雨水流出抑制設備

下水道本管や雨水本管に一度に大量の雨水を排水させると、本管の排水能力が不足するため、自治体ごとに排水流量規制を設けていることがある。この流量規制を守るために敷地内に雨水流出抑制設備を設ける。

雨水流出の抑制方法は自治体ごとによって違い、貯留槽方式、浸透方式等がある。どちらも敷地内に降った雨を一時的に貯留したり、地面に浸透させることで下水道本管へ放流する雨水の量を減らし、本管に対する排水負荷を軽減させることを目的としている。

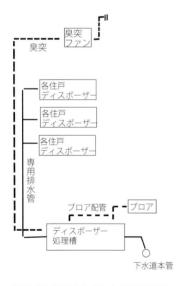

図 2.17 ディスポーザーシステム構成図

雨水貯留槽は屋外埋設、建物ピット利用などにより設けられ、貯留槽からの排水はオリフィスや流量制限付き排水ポンプにより、放流量を抑え本管に放流する（図 2.18）。

　雨水浸透設備は雨水配管や雨水ますに小さな孔を多数設け、周囲に砕石を敷いて雨水を地面に浸透させる設備である。地域や地盤により浸透能力が違い、浸透設備が使用できない場合もあるので自治体に確認が必要である（図 2.19）。

　いずれの場合もオーバーフローを設け、抑制施設が満水の際でも建物側に冠水被害が及ばないようにする必要がある。

【参考】雨水貯留槽留意点
自然相手の降雨は時期・量とも制御できない。したがって、雨水貯留槽から本管へは自然重力で放流できるような設置レベルとすることが必要である。敷地条件等でどうしてもできない場合は排水ポンプによる排水とし、排水ポンプ容量を過去の最大降雨量を考慮して決定する必要がある。

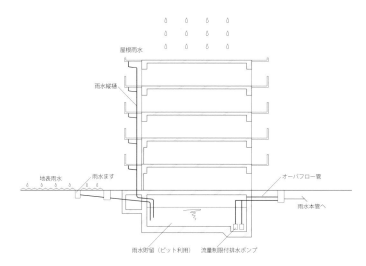

図 2.18　雨水貯留槽の例

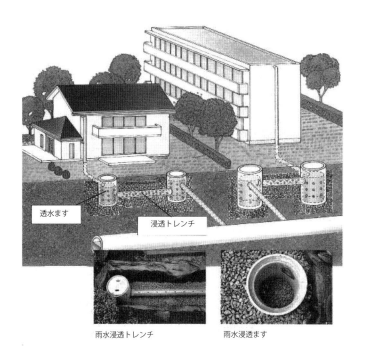

図 2.19　雨水浸透設備の例

3 集合住宅の空調・換気設備

3.1 空調・換気設備のつながりと構成

　一般的な集合住宅の空調・換気設備は、事務所ビル等のように建物全体として設備機器を設けて空調を行うことは少なく、むしろ「戸建て住宅の集合体」という形に近く、住戸ごとに独立した設備を設けることが一般的である。

　集合住宅の個々の住戸はそれぞれ個別の機器を設置し、個別に空調機器を運転させ空調、換気を行う。戸建て住宅との違いは、一般的な集合住宅では各住戸の外部に面した壁、すなわち「外壁」が共用廊下側とバルコニー側に限られるため、換気口、空調室外機等の設置場所が限定されることである。

　集合住宅の共用部に対する空調設備は、住戸部分とは分離した、個別に運転するシステムとなっている。

◆空調設備

　住戸ごとに設置される。住戸と共用部の機器は分けて設置する。住戸の機器は電気式のエアコンが代表的である。エアコンは室外機と室内機で形成され、室外機と室内機は冷媒管でつながっている。室内機からは冷媒管のほかにドレン管があり、冷房時に発生する結露水を排出する。共用部では小規模な管理人室等は住宅用エアコンを設置し、集会室およびエントランス等では業務用エアコンを設置する。

◆換気設備

　きれいな外気を取り込み、汚れた室内の空気を排出することを換気という。専有部のキッチンには燃焼ガスを排出するためのレンジフードファン、浴室・便所・洗面のサニタリーには水蒸気および臭気を排出するための排気ファンを設置する。共用部では臭気および熱除去、湿気除去などの目的に合わせた換気設備を設置する。また居室は建築基準法にもとづくシックハウス対策として24時間換気が必要となる。

表3.1　空調・換気設備の構成要素と概要

構成要素		概要
1. 空調設備		
	a. ルームエアコン	室外機と室内機で構成される、電気式の冷暖房機
	b. 冷媒管	室外機から室内機まで冷媒（フロン）を運ぶための配管
	c. ドレン管	冷房運転時に室内機で発生する結露水を排水するための配管
	d. 床暖房	床に設置したパネル等によるふく射暖房を行う機器
	e. 床暖房用熱源機	床暖房に使用する温水をつくる。給湯と兼用のガス給湯暖房熱源機を採用する場合が多い
2. 換気設備		
	a. レンジフードファン	台所のガスコンロの上部に設置され、コンロを覆うフードがある排気ファン。ダクトに接続し、外部への排気を行う
	b. 浴室換気暖房乾燥機	サニタリー排気ファンの代表的な機器。浴室・洗面・トイレの換気を3室同時に行うことのできる排気ファン。ダクトに接続し、外部への排気を行う
	c. 給気口	各居室の外壁に設置される、屋外の新鮮空気を室内に取り込むための開口部
	d. ベントキャップ	外壁に設ける給気・排気の開口部に取り付けるガラリ形状のもの

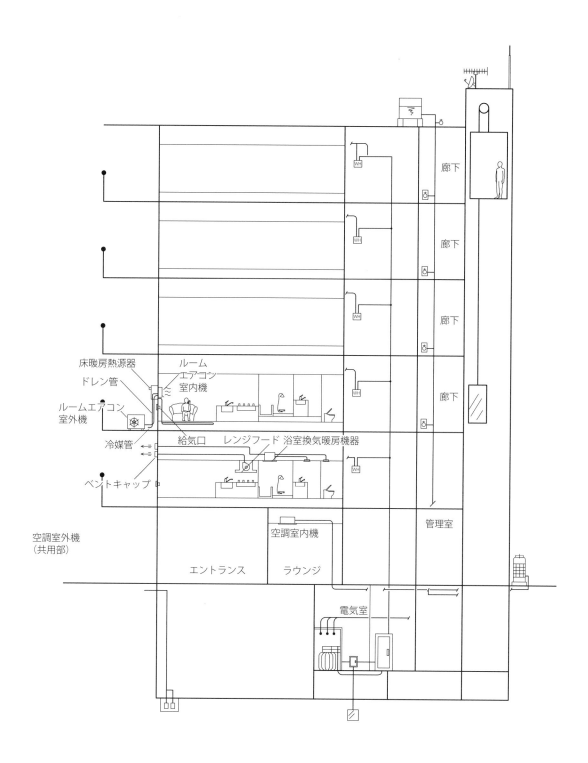

図 3.1 集合住宅の空調・換気設備のつながり

3 集合住宅の空調・換気設備

3.2 空調・換気設備の機器

集合住宅の空調・換気設備は基本的に住戸ごとに設置される。ここでは集合住宅の住戸で一般的に採用される設備機器について解説する。

(1) 空調設備

集合住宅の空調設備は、一般的に居室ごとの電気式ルームエアコンによる冷暖房が採用され、またリビングダイニング等の主要室は床暖房が併用されることが多い。

以下に住戸の空調計画を示す。

a：ルームエアコン　b：冷媒管　c：ドレン管　d：床暖房　e：床暖房用熱源機

図 3.2　住戸　冷暖房設備平面図

a. ルームエアコン（セパレート型・マルチ型）

戸建て住宅の項（27頁）を参考とされたい。

b. 冷媒管

戸建て住宅の項（27頁）を参考とされたい。

c. ドレン管

通常はバルコニー等に放流されるが、集合住宅においては窓に面しない室（中居室[1]）に対して共用ドレンたて管を設けることがある。管材は、塩ビ管、耐火2層管[2]等が用いられる。

d. 床暖房

戸建て住宅の項（29頁）を参照されたい。一般的な電気・ガス併用マンションの場合はガス温水式を採用することが多い。オール電化マンションの場合は電気式が採用される。

e. 床暖房用熱源機

戸建て住宅の項（29頁）を参考とされたい。

(2) 換気設備

集合住宅の換気設備は、キッチン排気としてレンジフードファン、浴室・便所・洗面等の排気として浴室換気暖房乾燥機が設置されることが一般的である。また排気に対する給気として各居室に壁付給気口を設置し、住戸内に新鮮空気を導入する。図3.3に住戸の換気計画の例を示す。

---

1) 中居室
戸建て住宅は周囲が屋外であるため、居室のすべてに窓を設けることは容易である。一方、集合住宅は屋外に面する部分は共用廊下とバルコニーに限られるため、例えば「リビングと一間つなぎの和室」等、窓を持たない「中居室」の計画が多くみられる。

2) 耐火2層管
硬質塩化ビニル管の外側を繊維モルタルで被覆した配管材。
防火区画を貫通する場合に使用される他、遮音性が高い、防露施工を必要としない等、さまざまな特徴がある。排水管、ドレン管等に使用される。

a：レンジフードファン　b：浴室換気暖房乾燥機　c：給気口　d：ベントキャップ

図3.3　換気設備 平面図

a. レンジフードファン

キッチンのガスこんろ部分等の火気使用部分の換気[3]のために設置される。戸建て住宅の項も参照されたい。

集合住宅は一般的にRC造で気密性が高いため、一般的な排気型レンジフードに加え同時給排気型レンジフードも多く使用される。

参考　同時給排気型レンジフード（図3.4）

通常のレンジフードが排気専用であるのに対し、排気と同時に給気も行うタイプで、効率のよい換気が可能である。排気ダクトに加え、給気ダクトも設置する。すきま風による音鳴りや近年の住宅の高気密化に伴う、室内の負圧によるドアの開閉障害[4]等を解消するため、このタイプのレンジフードが採用されるケースが増えている。

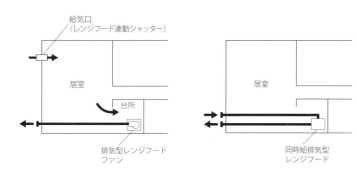

図3.5　レンジフードの種類

3）火気使用部分の換気

建築基準法により、ガス消費量に応じ、必要な換気量が定められる。この必要換気量をとれるような「排気設備」およびそれに対する「給気」を設けることが義務づけられている。

図3.4　同時給排気型レンジフード

4）室内負圧によるドア開閉障害

近年の集合住宅で多発している。「給気が充分に行われない状態」でレンジフード等の大風量の換気を行うと、気密性の高さゆえ、室内が極端な負圧となり、窓や玄関扉が開かなくなることがある。負圧の力は想像よりも大きく、状況によってはその開閉に20kgfもの力を要する場合がある。これは子どもや高齢者では開閉できず、成人男性でもようやく開閉できる、というほどの力である。

> 【参考】常時低風量換気
> 建築基準法で定められている。
> 居室気積に対して「1時間あたり居室気積0.5回分の空気を入れ替えられるだけの機械換気設備を設ける」とされている。

b. 浴室換気暖房乾燥機

戸建て住宅と同様、浴室換気、浴室乾燥、浴室暖房に使用されるが、特に集合住宅の場合は法律で定められた常時低風量換気機能をこの浴室換気暖房乾燥機にて行うといった側面が大きい。乾燥や暖房の熱源は給湯暖房機の温水を利用した温水式または電気式が一般的である。

戸建て住宅と違い、集合住宅は各戸に対し、給排気のできる外気に面した壁面が少ない。そのためトイレ、浴室、洗面所等の換気箇所ごとに換気扇を設けるとダクトの本数が増え、居室の天井高さに影響を与える。このため、複数の換気箇所を統合できる2〜3室排気型の機器が主流となっている（図3.6）。

図3.6　浴室換気暖房乾燥機（3室用）

> 【参考】全熱交換型換気ファン
> 戸建て住宅では換気時の省エネルギーのためにしばしば全熱交換器が使用されるが、昨今、その小型化と薄型化により、集合住宅でも使用されるケースが増えてきている（図3.7）。また集合住宅のニーズに合わせた複数個所の排気を統合できる全熱交換機も登場した（図3.8）。

天井埋込型（排気統合型）　　　天井カセット型

図3.7　集合住宅向け 全熱交換器

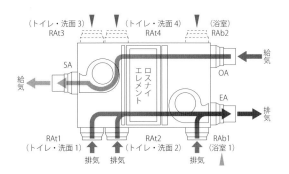

図3.8　浴室排気を統合した全熱交換機

c. 給気口

　排気型レンジフード、浴室換気暖房乾燥機などの「第3種換気」を採用する場合、排気に対する給気の導入のために必要となる外気取入れ孔である。ファンによる排気により室内は負圧となるが、この負圧の力を利用して新鮮空気を取り込む導入口が給気口である。特に集合住宅は気密性が高いため、この給気口が少ないとサッシの音鳴りやドアの開閉障害を起こす場合があり、設置する個数や大きさには配慮が必要である。

　給気口の形状は手動で開閉するものが一般的だが、室内の負圧に応じて開閉する差圧式や、レンジフードの運転と連動し開閉する連動シャッター組込み型もある（図3.9）。

d. ベントキャップ

　排気ダクトおよび給気口の外壁の貫通部（屋外側）に取り付けられる（図3.10）。「戸建て住宅」の項（33頁）も参照されたい。深型、平型、防音型などがあり、設置状況に合わせてタイプを決める。

平型…バルコニー、庇の下部など雨がかりとならない部分に使用される。

深型…上記以外の雨がかり部分に設けられる。フード部分の気流の圧力損失を低減させる形状となっている。

防音型…フードに吸音材が内張りされており、線路や幹線道路等の外部騒音が高い場合に使用される。

その他…高層で外風の逆流を防ぐ「耐風型」、ダクト内の結露水の受け皿を設けた結露受け付きもある。

差圧式給気口

連動シャッター組込型

図3.9　給気口のタイプ

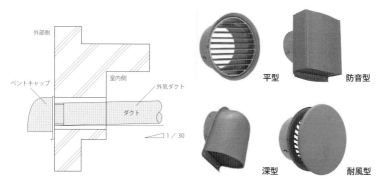

図3.10　ベントキャップ回り詳細図　　図3.11　ベントキャップ外観

【参考】集合住宅の階高と換気設備

　集合住宅の階高に換気設備が大きく影響することがある。集合住宅では住まう側の「なるべく天井が高いほうがよい」という立場がある一方、売る側（マンションデベロッパー等）の立場では「限られた建物高さ、面積の中で、いかに多くの住戸を確保できるか」を考える。そのため通常は梁の下部で支障なき最低の高さを確保することが要求される。

　梁せいは一見「構造計算により決定されるもの」と思われがちだが、スラブの厚みやダクトの貫通孔径などにより決定される場合もある。

　図3.12のようにスラブ厚と貫通孔径が決まり、そのほか必要な寸法を確保していくと、構造計算上の必要な梁せいよりも、納まり上大きくなることがあり、こうして決定した梁せいにより階高が決定される。

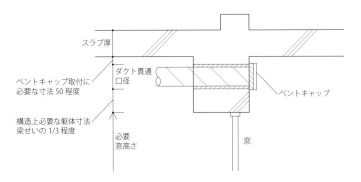

図3.12　ダクト貫通孔径と梁せいの関係

3.3 空調・換気設備方式の種類

(1) 個別冷暖房方式

集合住宅は「戸建て住宅の集合体」と考えてよい。事務所ビル等と違い、集合住宅の場合、建築設備の管理者が常駐することはまれである。よって空調設備も「中央に大規模設備機器を設置する」セントラル方式ではなく、入居者が自分たちで維持管理ができる、小規模な個別冷暖房方式とする。

とりわけ個別冷暖房方式の中でも、機構がシンプルで、特別な維持管理を要せず、かつ故障時等の取替えが容易な電気式エアコンによる冷暖房が一般的である。電気式エアコンの方式としては各室に単独でエアコンを設置する1対1方式と各室の室内機を統合して室外機に接続するマルチ方式がある。

a. 1対1方式

通常電気店等で見かけるルームエアコンがこれにあたる。1台の室内機に対し1台の室外機が設置されるので、居室ごとにそれぞれエアコンが設置されることになり、エアコン台数分の室外機設置スペースも必要となる。

エアコンの設置位置については制約がある。戸建てと異なり集合住宅は間口が限られており、外部に面する部分がバルコニー、外部共用廊下しかなく、室外機はここに設置しなければならない。またエアコンには室外機と室内機をつなぐ冷媒管があり、ドレンを自然勾配でバルコニーに排水する必要があるため、室内機についても室外機の直近に設置する必要がある。室内機と室外機をつなぐ配管類は通常クーラースリーブとよばれる外壁の貫通穴を利用し、室内に露出配管させるのが一般的である。

> 【参考】エアコンのオプション対応
>
> 集合住宅の場合、エアコンについては「実装しておくのでなく、後からエアコンを設置できるような対応のみを行なう」ということも多い。これは入居者が電気店等で比較的安価で購入でき、またエアコンに対するニーズもさまざまであるためである。具体的には「設置スペースの確保」「エアコン専用コンセントの設置」「クーラースリーブの設置」等の対応を行なう。

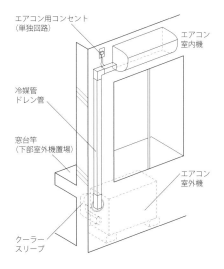

図3.13 集合住宅 1対1方式エアコンの設置例

b. マルチ方式

1台の室外機に複数台の室内機を接続することができる。マルチ方式の場合は室外機を集約しているため、冷媒配管、ドレン配管とも長くなり、配管は通常、天井や壁の内部に隠ぺいされることが多い。

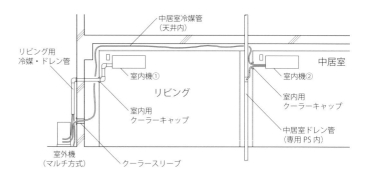

図3.14　集合住宅　マルチ方式エアコンの設置例

(2) 床暖房方式

電気式エアコンに加え、床暖房を併設する場合も多い。温水式は給湯に使用されるガス給湯暖房器を利用したガス温水式が一般的である。床に温水パイプを仕込んだ温水マット敷き込み、ガス給湯器によりつくられる温水を流すことで床を暖める。暖房能力が高い、電気式と比較してランニングコストが安いなどのメリットがある。

電気式は通電により発熱するヒーターを床に仕込むものである。暖房の立ち上がりが早く、施工が容易である、またイニシャルコストが安いなどのメリットがある。

図3.15　床暖房（温水式）の例

(3) 換気方式

集合住宅において代表的なのはつぎの2つの換気方式である。
　①自然給気口＋浴室換気ファンによる換気
　②熱交換型換気ユニットによる換気

①は便所、浴室、洗面所等の局所的な換気であるサニタリー換気を住戸全体の換気に流用するものである。各居室に給気口を設

け、ドアアンダーカットや廊下等を経由し、浴室に設置した浴室換気暖房乾燥機により換気する。トイレ、洗面所については浴室換気暖房乾燥機の副吸込み口を設置し排気する。

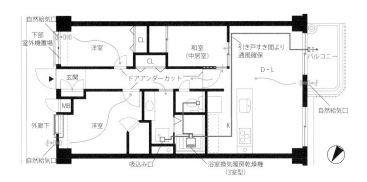

図 3.16 自然給気口＋浴室換気ファンによる換気の例

②は熱交換型の換気機器を使用することで換気によるエネルギーロスを抑えた換気が可能で、居室の換気に利用される。

通常、これ以外に便所、浴室、洗面所等の局所的な換気を必要とするが、排気統合型の全熱交換機を採用する場合は洗面所、トイレの排気を全熱交換機に取り込み、住戸全体の換気を統合することでダクト本数を減らすことが可能である。

図 3.17 熱交換型換気システムの例
上：天井カセット型全熱交換機　下：排気統合型全熱交換機

(4) レンジフードの換気方式

集合住宅のコンロ部分の換気にはレンジフードが用いられる。レンジフードの換気はつぎの2方式が一般的である。

①同時給排型レンジフードによる換気
②自然給気口＋排気型レンジフードによる排気

①の方式はレンジフードに同時給排気型を使用するもので、レンジフードには給気ダクトと排気ダクトの2本が接続され、これによりレンジフード専用の給排気を行う。レンジフードはサニタリー換気に比べ風量が多いため、給気の確保が重要であるが、本方式はレンジフード専用の給気が確保されるため、非常に有効なシステムといえるが、反面、機器、ダクト工事等のイニシャルコストも高くなる。

②の方式はレンジフードに排気型を使用するもので、給気は台所または最寄りの居室に設置した壁付給気口より給気を行う。イニシャルコストは安い反面、レンジフード運転時に壁付給気口より大量の外気が流入し、冬場には給気口付近は肌寒さを感じ、不快感が強くなる。

図3.18 レンジフードによる換気の例
上：同時給排型レンジフード 下：自然吸気口＋排気型レンジフード

(5) その他の留意点

集合住宅の場合、空調の項でも書いたとおり、外部に面した部分がバルコニー、外部共用廊下しかない。間取りや天井高さによる制約から、ダクトルートや外部への開放位置の自由度は大きくない。

注意しなければならないのは排気口と給気口の位置関係で、排気口と給気口が近接し排気した空気が給気口より再度室内に取り込まれること（ショートサーキット）がないよう、相応の離隔が確保されなければならない（図3.19）。

図3.19　ショートサーキットを考慮した給排気口位置

　また給気口や排気口は長時間使用しているうちに埃や油汚れ等の付着が起こるため、定期的な清掃が必要である。集合住宅においては給排気口の日常的な清掃は入居者により行われるため、原則として清掃が容易な共用廊下やバルコニーに設置するようにし、足場のない外壁面への設置は避けるべきである（図3.20）。

①メンテナンスできない排気口
②、③メンテナンスできる排気口

図3.20　排気口の設置例

4 集合住宅の電気設備

4.1 電気設備のつながりと構成

　集合住宅の内部は、個々の世帯だけが使用する専有部と全世帯で共用する共用部に分かれる。専有部内の電気設備は戸建て住宅とほとんど変わる部分がないが、共用部という部位は戸建て住宅にはなかったもので、これに必要な電気設備も戸建て住宅とは異なってくる。

　集合住宅全体では使用する電力が非常に大きく、各住戸に効率的に電気を分配し、テレビや電話、インターネットなどの情報を行き渡らせるための電気設備が共用部に必要となる。また、多くの世帯が密集して生活するため、火災リスクも必然的に増加するため、防災設備の強化も必要になる。

　集合住宅の共用部に必要となる電気設備には、表4.1のようなものが必要となる。

表4.1　電気設備の構成要素と概要

構成要素	概　要
(1) 電力設備	
a. 受配電設備	電力会社から高い電圧で受電した電力を住戸内で使用する低い電圧に降圧する
b. 幹線設備	電線やケーブルにより、各所に電力を配電する
c. 動力設備	ファンやポンプなどモーターを使用する装置に電源を供給し制御する
(2) 電灯・コンセント設備	
a. 照明設備	白熱灯や蛍光灯、LEDなどの光源を使用して、明かりを確保する
b. コンセント設備	コンセントの差込み口本体と分電盤から差込み口まで電源の供給を行う
(3) 情報・通信設備	
a. 通信設備（アナログ電話回線）	電話局から電話回線を集約的に引き込み各住戸まで引き入れる
b. 通信設備（光ファイバー回線）	光ファイバー回線を引き入れ、インターネット接続装置を経由して、各戸まで通信ネットワークを引き入れる
c. テレビ共同受信設備	共通のアンテナで受信した電波を増幅し、各住戸に分配、供給する
d. 集合住宅用インターホン設備	玄関から部屋番号を指定して、通話を希望する住戸とインターホン通話を行う。玄関のオートロックを制御する機能も有する
(4) 防犯・防災設備	
a. 監視カメラ設備	監視カメラの映像をモニターで監視し、レコーダーに記録する
b. 非接触鍵設備	無線技術を利用した鍵システムで玄関のオートロックを制御する
c. 自動火災報知設備	火災の発生を感知器で検知して知らせる
d. 避雷設備	避雷針により建物に直接落雷しないよう保護する

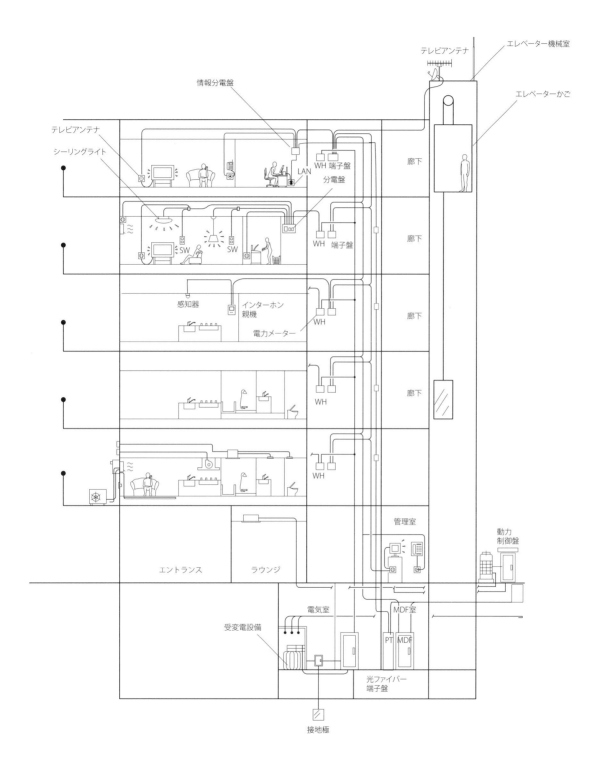

図 4.1 集合住宅他の電気設備のつながり

4.2 電気設備

(1) 電力設備

a. 受配電設備

集合住宅のように、1建物内の複数の住戸に電気を供給する場合には、建物内の個々の住戸に引込み線を敷設するのではなく、一括して供給できる共同引込み線により電気を受電する。

小規模建物の場合には、原則として低圧（100Vや200Vの低い電圧）の共同引込み線により引き込む。

建物への低圧による引込みが困難な場合には、高圧（6,600V）の共同引込み線によって引き込み、電力会社に変圧器の設置場所を提供する。電力会社が建物内に設置する変圧器により、家庭で使用する100Vや200Vにまで降圧して、各戸に設置する電力の取引用メーターまで電力を供給する。

変圧器の設置場所は電気室と呼ばれ、電力会社が専用使用するため、集合住宅の管理人であっても自由に立入りすることができない特別な場所となっている。

変圧器の設置の形態には、電気室が必要となる変圧器室方式のほかに、屋外に変圧器を直接設置する供給用地上変圧器（パットマウント変圧器）方式、集合住宅用変圧器方式がある。

電力の契約は電力会社と各世帯が個別に契約する形態となる。

【参考】変圧器とは
鉄心に複数のコイルを巻き付け、コイルに電流が流れると磁気の形で鉄心を通じて、別のコイルに電力が伝達される。
コイルの巻き数の比に比例して、伝達される電力の電圧が変化する特性を活かし、交流電力の電圧変換に使用される。
戸建て住宅の場合には、電力会社が電柱の上などに変圧器を設置し、高圧を低圧に変換してから電気を供給している。

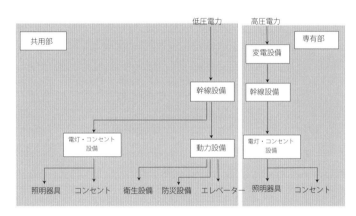

図4.2　集合住宅の電力の流れ

図4.3　集合住宅用変圧器

図4.4　変圧器室の様子

共用部の設備機器で使用される電力が50kW未満の場合は、電力会社が設置する変圧器から供給を受けることが可能である。50kWを超える場合は、集合住宅全体の共用設備として自前で変電設備を設け電力を供給する必要がある。

　共用部で使用する電力量を計測する取引用メーターは共用部全体で1カ所となる。電力会社との契約は、賃貸住宅の場合は貸主が締結し、分譲住宅の場合は全世帯で構成する管理組合が締結する。共用部の電力使用量は各住戸で案分して、管理費で負担する形態となる。

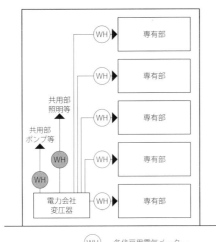

図4.5　専有部と共用部への電源供給の違い

b. 幹線設備

　幹線設備とは、変圧器から配電盤、メーターボックス（MB）を通じて、各電灯分電盤、動力制御盤に至るまでの配電に関する設備である。

　配電盤とは、変圧器により住宅で使用できる電圧まで降圧した大電流の電力を複数のケーブルにて配電できるように分岐する装置であり、ケーブルの条数に応じた複数のブレーカーにより構成されている。

　ケーブルは一般的にMB内に水やガスの配管と一緒に敷設されているので、MBを開けてみれば居住者でも確認することができる。建物内の電力需要や変圧器からの距離に応じて、幹線として使用するケーブルの太さや系統を決定する。ケーブルには許容電流（安全に電流を流せる限度）が定められているため、配電盤のブレーカーにより一定以上の電流がケーブルに流れて加熱しないようにしている。

【参考】ケーブルの導体
一般的に銅が使用されており、ケーブルは銅の電気抵抗率に応じた電気抵抗を有する。電気抵抗はケーブルの長さに比例し、導体の断面積に反比例する。
電気抵抗に電流が流れたときに電圧降下が発生し、ジュール熱が発生するが、この熱がケーブルにより電力を伝達する際のエネルギー損失となる。また、ジュール熱によりケーブルが加熱され温度上昇するため、ケーブルサイズに応じて安全に使用できる許容電流が定められている。

図 4.7　動力制御盤

図 4.6　MB 内の様子

　幹線に使用されるケーブルは、電気が流れる導体と、導体を被覆・保護し電気を漏れないようにする絶縁体と、ケーブルのもっとも外側の被覆で絶縁体をさらに保護するシースから成り立っている。このため、MB 内にむき出しで敷設されていても安心して使用できるようになっている。

c. 動力設備

　集合住宅では、高い階の蛇口にまで水を送るための給水ポンプや自動車を昇降する機械駐車装置、エレベーターなど非常に大きな力を発生させる機械設備があり、家庭では使用しないような大型の電動機（モーター）が使用されている。

　これらの電動機に供給される電力は家庭内で使用される単相電力とは異なり、3本の配線により大容量の電力を供給できる三相電力である。

　動力設備とはこのように三相電力を機械設備に供給する設備であり、動力制御盤や動力制御盤から動力に電源を供給する配線、ケーブルで構成されている。

　動力制御盤には、たくさんの電動機に電源を安全に分岐する機能、電動機へ過負荷による過電流が流れて加熱するのを防ぐ機能、電動機の電源を入り切りする機能、電動機の回転数を変化させる機能などを有している。

　住宅内の換気扇などのように小容量な電動機電源の入り切りはスイッチにて行えるが、大容量の電動機のように大電流の電源の場合、スイッチの入り切りの際に生じる火花などによる発熱にスイッチが耐えられないため、電磁接触器や電磁開閉器と呼ばれる電磁石の力により大型の電気接点を操作する装置を、動力制御盤に収納し電源の入り切りを行っている。

　ポンプやファンは、人が操作して運転や停止をさせることはまれで、通常は水槽の水位や温度によって自動的に運転や停止をさ

【参考】インバーター

インバーターとは通常は一定である交流の電源周波数を可変させることができる装置である。
交流で使用する電動機は回転数が電源の周波数に比例して一定となる。省エネルギーのため状況により回転数を落とす必要があるが、このためにインバーターが使用される。
ファンやポンプでは回転数の3乗に消費電力が比例する特性がある。
最新では省エネ家電製品の多くにインバーターが組み込まれてきており、一般的な用語となってきている。

せる。動力制御盤ではこれらを自動化する制御回路も有する。

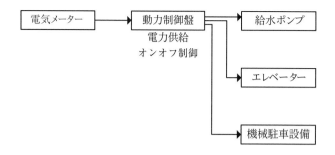

図 4.8　動力設備のつながり

(2) 電灯設備
a. 照明設備

専有部においては、集合住宅の照明計画は戸建て住宅と変わる部分がない。複数の世帯が共同で使用する共用部では、幅広い年齢層の人が安全に使用できる明るさが必要となる。JISなどで照度の基準が規定されている。一般的な集合住宅の共用部では、30〜150lx 程度の照度が望ましいとされ、管理事務室など事務作業を行う場所では、500lx 程度の照度が必要とされている。

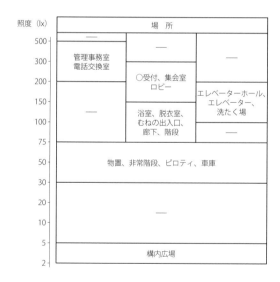

図 4.9　場所ごとの照度の目安（出典：日本工業標準調査会 JIS Z 9110-1979）

集合住宅の共用部の照明は、すべての居住者が照明を必要とする時間帯で点灯させておく必要がある。このため、非常に長い時間点灯されることになる。照明器具の管球には省エネルギー性の高い LED や蛍光灯が使用されている。

共用部の照明の点灯は、タイマーや昼光センサーにより、一定の時間帯や屋外が暗くなった場合に自動的に点灯させる。共用部

の電気使用料金に占める照明の使用電力は非常に大きな割合となっているため、深夜には照明を半分だけ点灯させるなどの工夫が行われる。

表4.2 タイマーと点灯時間帯の設定例

動作	動作状態	制御パターン
動作1	日没(入)〜日出(切)	日没 ━━━━━━━━━━ 日出 　入　　　　　切
動作2	日没(入)〜夜間定時(切) 早朝定時(入)〜日出(切)	日没　夜間　早朝　　日出 　　　定時　定時 　入　切　入　切
動作3	日没(入)〜夜間定時(切)	日没　夜間 　　　定時 　入　切
動作4	早朝定時(入)〜日出(切)	早朝　日出 定時 入　切

b. コンセント設備

　集合住宅の専有部内のコンセント計画は戸建て住宅とそれほど変わらない。都心の集合住宅ではオール電化住宅となっている例がある。オール電化住宅とは、キッチン・給湯・冷暖房など、住まいで使用するすべてのエネルギーを電気でまかなうタイプの住宅で、火災リスクが少なく、室内での燃焼がないため二酸化炭素の発生がなく、空気質をクリーンに保つことができる。

　電気により磁気を発生させ鍋などの金属製調理器具を発熱させて調理を行うIHクッキングヒーターや、夜間の電力を使用しルームエアコンと類似した原理で大気から温熱を取り出し加熱する自然冷媒ヒートポンプ給湯機（エコキュート）などの装置は消費電力が大きく、これに対応する特殊な形状のコンセントを使用している。

　集合住宅のバルコニー部分は共用部であるが、専用使用が許可されており、エアコンの室外機が設置できることになっている。

　共用部に設置するコンセントの用途は主に掃除機や床の洗浄機を使用するための掃除用である。コンセントで使用した電力の使用料金は各世帯が案分し共益費として負担する。特定の世帯がこのコンセントを使用すると不公平であるため、鍵付きのガードがあるコンセントが使用され、清掃員が使用する際に鍵で蓋を開け使用するようにしている。

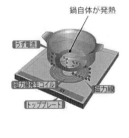

【参考】IHクッキングヒーター
IHクッキングヒーターには磁力線を発生させるコイルが仕込まれており、これに交流電流が流れると磁力線が発生する。この磁力線の近くに金属製の鍋を置くと、鍋底にはうず電流と呼ばれる電流が流れ、鍋自体が発熱する。
鍋以外に熱が逃げないので、投入したエネルギーを効率よく調理に利用できるメリットがある。

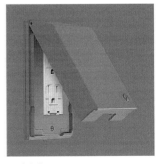

図4.10　共用部のコンセント

(3) 情報・通信設備

a. 通信設備（アナログ電話回線）

　一般的な集合住宅では、電話局から電話回線を集約して引き込み、MDF（Main Distributing Frame）を経由して分岐した電話回線を各住戸まで引き込む。電話局からMDFまでは電話会社により工事を行い、MDF以降の住戸までの部分を集合住宅側の負担で工事する。

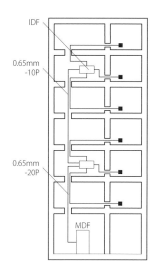

図4.11　MDFに集約される電話回線

　引き込む電話回線数については、「住戸数×1～3回線数」+「共用部での電話アウトレット数」程度の回線数となるように計画されている。MDFからは1本のケーブルに数十回線の電話回線がまとめられた構内ケーブルにより各所に設置したIDF（Intermediate Distribution Frame）まで配線され、IDF内の端子にて各住戸へ必要な電話回線を分岐する。

b. 通信設備（光ファイバー回線）

　集合住宅に一括して複数本の光ファイバー回線を引き込み、引き込んだ光ファイバー回線は管理室などに設置される集合型回線終端装置に接続され各住戸に回線を分岐する。各住戸までの分岐回線には、光ファイバー方式、LAN方式、アナログ電話回線を利用するVDSL方式などがあり、集合住宅内の環境により方式が決定される。集合住宅では回線をシェアするので利用料金は安価となっているが、光ファイバーの通信速度の上限があるため、各住戸の通信量により利用できる最大の通信速度が変化する（ベストエフォート方式）。

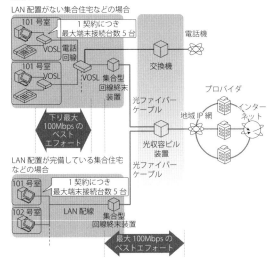

図 4.12 光ファイバー回線の引込み（B フレッツマンションタイプ）

　最近では住戸内のあちこちでインターネット接続の需要があるため、インターネットのアクセス装置や LAN を分岐するハブ（HUB）等の機器を集約設置する情報分電盤（マルチメディアボックスとも呼ぶ）が設けられ、情報分電盤を起点として各部屋の電話、LAN、テレビのアウトレットへ配線されるようになってきている。

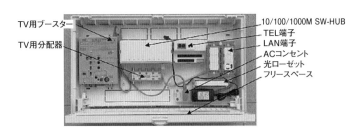

図 4.13 情報分電盤（マルチメディアボックス）の例

c. テレビ共同受信設備

　集合住宅ではテレビアンテナを個々の住戸で設けず、建物自身が電波の障害とならないように、一番高い部分に 1 基だけ設置して電波を受信し、各戸に設置するテレビアウトレットまで電波を分配する。テレビアンテナから各戸のアウトレットまで含めた設備をテレビ共同受信設備と呼び、アンテナで受信した電波をケーブルで伝送し多数の住戸に分配するので、電波が減衰することになるが、増幅器で良好なテレビ受信ができるレベルにまで電気的に増幅し、同軸ケーブルにて各戸まで電波を伝送する。

　住宅と異なり住戸までの電波を届けるために電気を使用しており、停電の際には住戸に電波が到達しなくなる。このため非常用

発電機の設置が義務づけられるような大型の集合住宅では停電時には非常用発電機から電気が供給されるように計画されている場合がある。

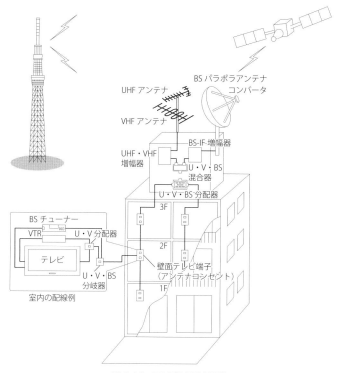

図4.14 テレビ共同受信設備

　都心部などの建物が密集している地域では、建物の影により電波の受信障害が懸念されるため、ケーブルテレビ会社より直接ケーブルを引き込んでテレビ電波を受信している例が多い。見られる番組内容や有料チャンネルなどのサービス内容は地域でケーブルテレビ事業を行っている会社ごとに異なる。
　また、ケーブルテレビで使用している同軸ケーブルにデータ通信用の信号を重畳させることで、インターネット接続サービスを提供している会社もあり、サービスの多様化が進展している。

d. 集合住宅用インターホン設備

　集合住宅用インターホンは、共同玄関から住戸の部屋番号を入力することで選択し、通話できるようにしたインターホンである。共同玄関のオートロックを遠隔操作する機能があり、来訪者と会話し不審者ではないと確認したうえでインターホン室内親機（図4.15）の解錠ボタンを押下すると、共同玄関のオートドアの遠隔開放ができる。また、防犯機能の強化のために玄関子機にカメラを内蔵し住戸内の子機に内蔵されたモニターで訪問者の姿を確認できるカメラ付きの集合住宅用インターホンが主流となっている。
　一定以上の規模のマンションに設置されるインターホン設備は、消防法で規定された自動火災報知設備の受信機（P型3級受

信機)としての機能も持ち、設置されている住戸内の火災感知器と連動して火災を警報する。

そのほか、入居者の利便性向上のため宅配ボックスへの荷物の着荷を表示する機能、エレベーターのかごを住戸内から呼び出し待ち時間を短縮する機能、不在時に内蔵カメラで撮影した訪問者の画像をインターネットを通じて外出先の居住者にメール送信する機能など、非常に多機能化した製品も登場してきている。

通常のマンションでは通話に使用する電線や映像を送信する電線がそれぞれ1系統分しかないため、同時に通話できるのは子機1箇所から住戸内の親機1箇所となっている。しかし、大規模な集合住宅では玄関が複数個所あり、別々の玄関に同時に来訪者があった場合、同時通話が必要となる。大規模な集合住宅では、これに対応した2通話路・2映像路の集合住宅用インターホンが採用されている。

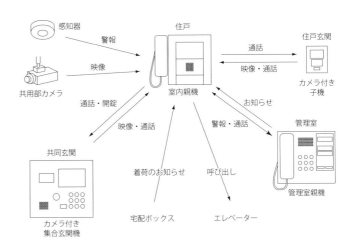

図4.15　集合住宅用インターホン設備の仕組み

(4) 防犯設備

a. 監視カメラ設備

集合住宅では、多数の人間が出入りするため部外者の立入りを防止することが難しく、セキュリティ意識の高まりといった最近の実状から、敷地内に監視カメラを多数設置する例が増加している。主には敷地内や建物内への立入りの状況を撮影し、管理人がいる場合には常時監視可能なようにモニターに撮影映像を表示させ、不在の場合には常時撮影映像を録画装置内のハードディスクに保存することで、どのような人物が出入りしているかを把握できるようにしている。

警備員や管理人がいない場合には直接的に不審者を捕まえることはできないが、記憶した監視映像を確認することで人物特定を行いやすくなり、犯罪の抑制効果が期待されている。事件等が発生した場合の実際の運用では、録画装置から一定期間内の撮影デ

ータを USB メモリーなどの外部メディアに書き出し警察に捜査資料として提出することになる。通常は撮影映像は完全な動画ではなく、コマ送りの準動画となり 2 週間〜1 か月程度の撮影映像を保存できるようになっている。

最近はプライバシー保護の観点から撮影映像の閲覧や持ち出しには注意が必要であり、取扱い方法の厳格なルール化が必要となってきている。

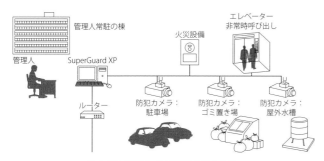

図 4.16　監視カメラ設備のシステム例

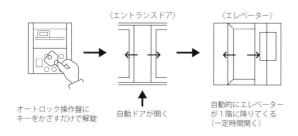

図 4.17　非接触鍵の仕組み

b. 非接触鍵設備

非接触鍵（非接触カード）を、共同玄関にある集合住宅用インターホン内に組み込んだ受信機に 1cm 程度まで近づけるだけで、オートロック自動ドアの開扉ができる設備である。

鍵の持ち手やカード内に電子回路が組み込まれており、電波のやり取りで認証を行う。鍵やカード内には電源はなく、受信機からの電磁波を電源として動作するため電池切れの心配がない。鍵（カード）の登録・抹消が 1 本単位ででき、転居時や鍵の紛失時にも、錠の交換が不要で素早く対応でき安全性が高い。

高いセキュリティ性をめざした集合住宅では、共同玄関扉の施解錠以外の用途でも使用される例があり、宅配ボックスの開閉やエレベーターの操作パネルにリーダーを組み込み非接触鍵を近づけないとボタン操作が有効にならないよう制限をかける用途にも使用される。

ほかにも同様な使い方で、乗車券・決済機能付き携帯電話や電池内蔵の無線装置を鍵として使用する集合住宅もある。

図 4.18　非接触鍵の種類

5 集合住宅の防災設備

5.1 防災設備のつながりと構成

　集合住宅の防災設備は規模にもよるが、専門知識を持つ管理者がいないことを前提に簡素化した計画とすることが一般的である。

　集合住宅は公共建築物とは異なり、不特定多数の人が出入りする建物でないため、そこに住む人々はその建物を熟知している。またその建物構成は住戸という「壁に囲まれたユニット」の複数で構成されているため、防火区画等の耐火措置や延焼防止措置を講じやすい。このことから集合住宅の防災設備は、建物自体の防災性能を高め、法で定められる一定の構造的基準を満足させることにより、防災設備の設置義務を緩和する方向で計画する。

　集合住宅に多く用いられる主な防災設備とその緩和の可否について以下に示す。

　各防災設備の概要については「事務所ビル」の項を参照されたい。

　特徴的なのは、自動火災報知設備やスプリンクラー設備で、設置免除はできないものの、共同住宅のニーズに特化した共同住宅用自動火災報知設備、共同住宅用スプリンクラー設備を採用できる点である。

表 5.1　集合住宅に必要な主な防災設備とその緩和（省令 40 号による）

	設備項目	適用法規	省令緩和の可否	緩和の内容　その他
発見・通報	自動火災報知設備	消防法	○	「共同住宅用自動火災報知設備」採用可
	非常警報設備	消防法	○	設置免除
避難	非常用の照明装置	建基法（建築基準法）	×	
	誘導灯	消防法	○	設置免除
	排煙設備	建基法	×	窓による自然排煙が一般的
消火	屋内消火栓設備	消防法	○	設置免除
	スプリンクラー設備	消防法	○	設置免除または「共同住宅用スプリンクラー設備」採用可
	その他消火設備	消防法	△	駐車場等の特殊消火設備※
消防活動のための設備	連結送水管	消防法	△	階段室型住宅の場合、「共同住宅用連結送水管」の採用可
	連結散水設備	消防法	×	
	非常コンセント	消防法	△	階段室型住宅の場合、「共同住宅用非常コンセント」の採用可
	非常用エレベーター	建基法	×	

※：共同住宅に設ける駐車場には特殊消火設備としてその規模・形態により「泡消火設備」「不活性ガス消火設備」「粉末消火設備」等の設置が必要となる。
　　これらには「固定式」「移動式」があり、駐車場の形状が煙の滞留しにくい形状（「開放性がある」という）である場合、より簡素な「移動式」を採用することができる。

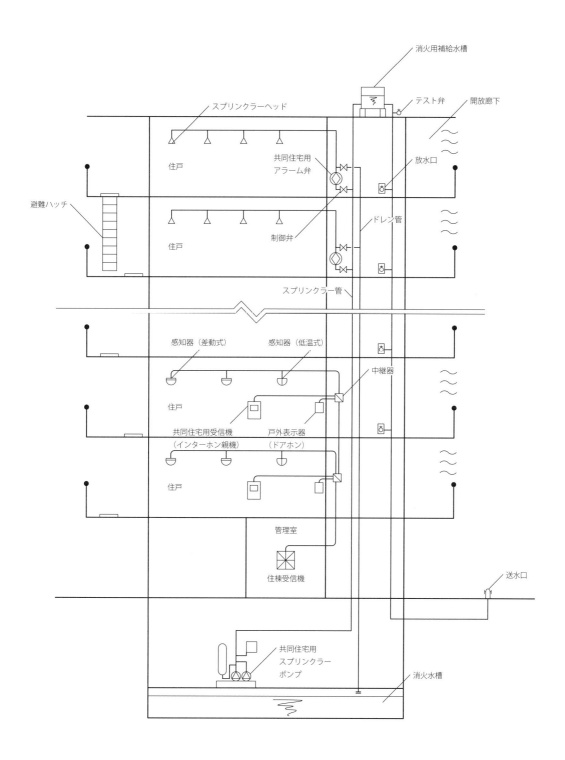

図 5.1 集合住宅の防災設備のつながり

5.2 集合住宅の防災の概要

(1) 集合住宅の特徴

集合住宅は使用者が主にそこに住む住人である。不特定多数の人々が利用する公共建築と異なり、集合住宅の住人たちはその建物の出入口、階段位置等を熟知しており、避難時も戸惑うことが少ないと想定される。また初期消火に利用する消火器や消火栓も日常的に目にしており、簡単な防災設備であれば有効に利用されると考えられる。

その一方、集合住宅は設備に精通する管理者が常駐しない場合が多く、操作や管理が複雑で大がかりな防災システムは有効に利用されない場合がある。

こうしたことを踏まえて、集合住宅に採用されるべき防災設備は規模にもよるが、シンプルで専門知識がさほどなくても扱える簡易なシステムを採用するのがよい。

(2) 集合住宅の種類

集合住宅はアクセス形式により、階段室型、片廊下型、中廊下型、スキップフロア型などに分類され、また平面形式により板状型、塔状型、ボイド型、高さにより低層、高層、超高層に分類される。この形式の違いは、集合住宅の「避難のしやすさ」に大きく起因し、これにより防災設備の緩和の可否が判断され、設置される防災設備が決まる。

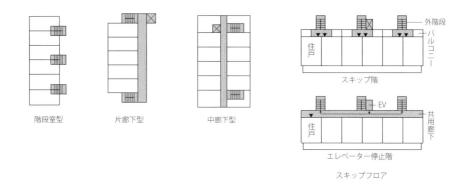

図 5.2　集合住宅のアクセス形式による分類

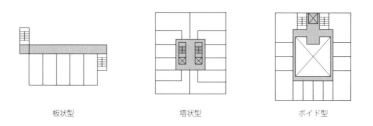

図 5.3　集合住宅の平面形式による分類

(3) 集合住宅の防災上の特徴

a. 耐火性能

集合住宅の構造上の特徴は「住戸ごとに壁で区切られ、これを廊下、階段で連結させた形状となっている」ことである。住戸を区切る壁は防火上の界壁となり、隣戸への延焼を防止しやすい形状といえる。また上下階の窓はバルコニーを介していることが多く、バルコニーがあると下階の窓から上階に吹き上げる火炎による延焼を防止しやすい[1]。

b. 避難性能

避難性能とは、火災時に建物内にいる人々を地上屋外に安全に避難させるための形状等にかかわる性能である。とりわけ避難経路を2経路確保し、1つの経路が火災により避難不能となった場合でも、もう1つ経路を利用することで安全避難を可能とする「2方向避難」の考え方は避難性能上もっとも重要視される（図5.5）。

1）バルコニーの延焼防止性能

火災時、室内に拡がった火炎はその後、窓等から吹き出し、外壁に沿うような形で上階に延焼していく。このとき外壁から外向きに突出したバルコニーや庇は外壁を沿う火炎を妨げるのに有効で、消防法上は外壁より50cm以上突出した庇等が延焼防止を期待できるものとして、設備緩和の条件の1つになっている。

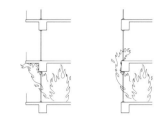

バルコニーの有無と上階。
左側がバルコニーあり、右側がなしの場合

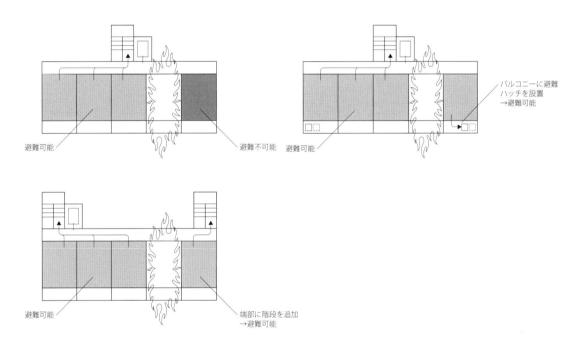

図5.22　火災時の2方向避難の考え方

集合住宅の場合、一般的には廊下、避難階段、バルコニーおよび避難ハッチを利用し、2つの避難階段を確保する。また避難経路の安全性も重要である。安全な避難を行うためには「外気に対して開放されている」ことが必要とされている。主たる避難経路となる廊下については開放性という観点から「外廊下」「内廊下」「ボイド開放廊下」に分類される。

外廊下…外部に対し開放された廊下。開放廊下ともいう。外気に開放されているため、火災時の煙の滞留は生じず、避難上もっとも有効な廊下形状である。消防法上は防災設備の緩和のため

「手摺上端の開放部分の高さ」「開放部分と非開放部分の見付け面積割合」等が規定されている（図5.6）。

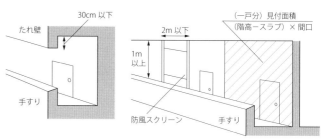

■すべての階の廊下は、次のaからdまでに定めるところによること。
a 各階の外気に面する部分の面積（廊下の端部に接する垂直面の面積を除く）は、当該階の見付面積の3分の1を超えていること。
b 外気に面する部分の上部に垂れ壁等を設ける場合は、当該垂れ壁等の下端から天井までの高さは、30cm以下であること。
c 手すり等の上端から垂れ壁等の下端までの高さは、1m以上であること。
d 外気に面する部分に風雨等を遮るために壁等を設ける場合にあっては、当該壁等の幅を2m以下とし、かつ、当該壁等相互間の距離を1m以上とすること。

図5.5　防災設備緩和の場合の開放廊下（外廊下）の条件

内廊下…外部に開放されていない屋内廊下。また外部に開放された廊下でも図5.5の開放廊下の規定を満たさないものは避難上、内廊下とみなされる。建築のグレードにより、廊下を内廊下とするケースがあるが、それにより防災設備は緩和が適用できなくなることが多い。

ボイド開放廊下…平面形状上、中央にボイド（吹抜け）を設け、これを外部扱いとし、ボイドに対し開放された廊下。火災時の煙がボイドの排煙効果により抜け、廊下に煙は滞留しないことを期待するものである。ただしボイドの断面が狭い場合やボイド下部に給気経路が確保されない場合は、煙がボイド上部から排出されずボイド全体に蔓延し、むしろ廊下避難が困難になる場合があるため、ボイドの形状、断面については消防法等による細かな規定がある。

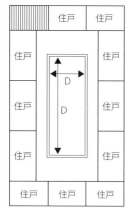

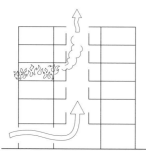

図5.6　ボイド開放廊下と火災時の煙排出

また集合住宅においてはバルコニーも重要な避難ルートである。内廊下を利用した避難経路が、火災時の漏煙により使用不能となった場合、バルコニーを使用した避難経路は有効である。バルコニーの形状は連続バルコニーと部分バルコニーがある。

連続バルコニー…隣戸どうしのバルコニーが連続しており、隣戸どうしの界壁は破壊可能な簡易間仕切りを設ける。避難時はこの簡易間仕切りを破壊することで隣戸への水平避難が可能である。バルコニーでの垂直方向の避難は避難ハッチを使用する。

部分バルコニー…隣戸どうしのバルコニーが連続しておらず、各戸で独立しているため、水平方向の避難は出来ない。垂直方向の避難は避難ハッチによる。

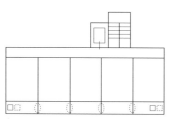
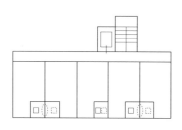

図5.7　連続バルコニーの形式

ただし、避難ハッチによる垂直避難は可能ではあるものの高齢者や身障者に対しては大変使いにくいものであるため、これを主体的に利用する避難計画は避けるべきである。

避難生能としては、「2方向避難が確保されている」「避難経路の開放性が高い」など、高い避難性能を有しているといえる。

(4) 防災設備の緩和

消防法上、集合住宅に関しては、建物が一定の構造基準を満足することを条件に、防災設備の緩和が認められている。
建築的に建物の耐火性を高める、内装の不燃性を高める、延焼の発生しにくい形状とするなどを条件として、

- 階数
- 2方向避難が可能か
- 避難経路の外部に対する開放性があるか

を判断基準として緩和できる防災設備が決まる(表5.2)。

表5.2 集合住宅の構造類型と防災設備設置(総務省令40号)

特定共同住宅等の種類		必要とされる防火安全性能を有する消防の用に供する設備等				通常用いられる消防用設備等						
構造類型	階数	住戸用消火器および消火器具	住宅用自動火災報知設備および共同住宅用非常警報設備	共同住宅用自動火災報知設備	共同住宅用スプリンクラー設備	住戸用消火器および消火器具	自動火災報知設備	動力消防ポンプ設備	屋内消火栓	スプリンクラー設備	非常警報器具または非常警戒設備	避難器具	誘導および誘導標識
2方向避難・開放型特定共同住宅等	10階建て以下	○	○※1										
	11階建て以上	○		○	○※2								
開放型特定共同住宅等	5階建て以下	○	○※1										
	6〜10階建て以下	○		○									
	11階建て以上	○		○	○※3								
2方向避難特定共同住宅等	5階建て以下	○	○※1								※4		
	6〜10階建て以下	○		○							※4		
	11階建て以上	○		○	○						※4		
その他の特定共同住宅等	10階建て以下	○		○							※4		
	11階建て以上	○		○	○						※4		

表中○印一式を設置することで、上記一部設備が免除される。
※1:どちらか一方の設備を選択できる。
※2:11階以上において、内装制限などを行っている場合は「通常用いられる消防用設備等」に代え、共同住宅用スプリンクラー設備が免除される。ただし、共同住宅用自動火災報知設備の設置は必要。
※3:11階〜14階の部分においてのみ、内装制限などを行っている場合は「通常用いられる消防用設備等」に代え、共同住宅用スプリンクラー設備が免除される。ただし、共同住宅用自動火災報知設備の設置は必要。また、この場合は15階以上の階に共同住宅用スプリンクラー設備の設置が必要。
※4:11階以上の階に設置するものに限り免除される。10階以下の階は政令の基準にもとづき設置する必要がある。上記表にある設備のほか、共通項目として「共同住宅用連結送水管、共同住宅用非常コンセント設備」がある。この2つの設備は、政令の設置基準に代えて階段室型の場合にのみ用いることができ、階数が3以内ごとかつ歩行距離50m以下となるように設置することができる。

5.3 防災設備の種類と機器

本項では防災設備のうち、とりわけ集合住宅で採用される特殊な設備について述べる。その他の設備については基本的に「事務所ビル」(128頁) のものと同じであるので、そちらを参照されたい。

(1) 警報設備

a. 非常警報設備

共同住宅の共用部に設置する設備で、自動火災報知設備の火災検知に連動もしくは人が操作することで、建物内に設置された非常ベルもしくは音声放送により火災の発生を居住者に知らせるものである。建物の規模が大きい場合には、非常ベルではなく非常放送設備による音声放送が必要になる。非常ベルについては、自動火災報知設備の機器収納箱（発信機、表示灯、ベルが収納されている）を設置することで代替させることが可能なため、通常は設置が省略される。また次項で解説する共同住宅用自動火災報知設備を設置する共同住宅では、同設備が非常放送に該当する機能を有するため非常警報設備の設置が免除される。

b. 共同住宅用自動火災報知設備

戸建て住宅と同様、集合住宅においても、火災により発生する煙や熱を感知器にて早期に感知し、非常ベルにより知らせることで避難や消火を促す設備として、自動火災報知設備が設置される。

特に集合住宅では各住戸が一定の建築条件を満たす場合、一般の建物と比較して火災時における延焼拡大のおそれが少ないということから、消防設備の緩和が認められていて、一般の自動火災報知設備から共同住宅用自動火災報知設備に変更が可能となる。共同住宅用自動火災報知設備では、一般の設備に対して感知器の設置個所数が少なくて済み、発信機（火災を知らせるための押ボタン装置）が不要となる。

住棟受信機、P型3級受信機、中継器、戸外表示器、感知器、音声警報装置、補助音響装置などから構成される。P型3級受信機は住戸内のインターホン親機、戸外表示器は住戸玄関のインターホン子機がその機能を実装していて、火災の際には音声で警報が流れる仕組みとなっている。

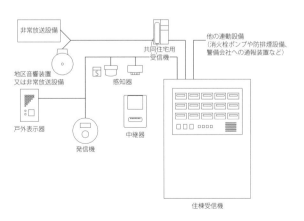

図5.8　共同住宅用自動火災報知設備

(2) 避難設備

a. 自然排煙

一般建物の場合、事務所ビルの項にあるようなオペレーター付きの自然排煙窓を採用するケースが多いが、住宅の場合は通常の引き違い窓を自然排煙にも兼用することが一般的である。

b. 避難ハッチ

バルコニーを避難経路とする場合、バルコニーでの垂直方向の避難に利用する。床面に設置したハッチを開放するのと連動し、タラップが下階に降下する仕組みになっている。

(3) 消火設備

a. スプリンクラー設備

共同住宅用スプリンクラー設備は、火災発生時にヘッド部分で熱を感知し自動で散水するという機能は一般のスプリンクラーと変わらないが、より共同住宅に特化したシステムになっている。

・スプリンクラーヘッドは住戸内のみに設置し、共用部には設置不要。また住戸内も居室のみ設置すればよい。(住戸内廊下、押入れ、トイレ・浴室等には不要)
・住戸ごとに制御弁、アラーム弁を設置する、戸別・小水量のシステムになっている。
・スプリンクラーヘッドは小区画型ヘッドを採用し、住戸の小面積の区画に対応。
・衝撃に強い天井埋め込み型ヘッドを採用。
・散水の開始とともに当該住戸の戸外表示器の赤色灯が点滅し、音声による発報を行う。

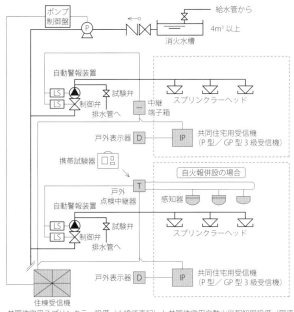

図5.9 共同住宅用スプリンクラー設備と共同住宅用自動火災報知設備

6 集合住宅の省エネルギー・環境技術

(1) 雨水利用設備

近年の集合住宅では事務所ビル同様、雨水の再利用が行われることがある。ただし一般的には集合住宅には設備に熟知した管理者が常駐していないことが多いため、雨水貯留と簡易なゴミ除去・滅菌により、植栽への散水程度にとどめるといった、単純なシステムとすることが多い。

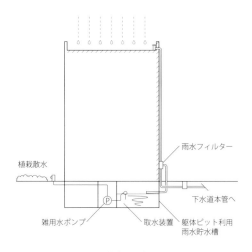

図6.1 集合住宅 雨水利用システム

(2) 高効率給湯器

戸建て住宅同様、集合住宅でもガス潜熱回収型給湯器、自然冷媒ヒートポンプ給湯器は一般的に採用される。家庭用燃料電池給湯については、当初燃料電池セルスタックのサイズが大きく、スペースの限られた集合住宅では採用できないことが一般的だったが、近年は性能向上による小型化や設置バリエーションの多様化が進み、集合住宅向けの機種がラインナップされ始めている。

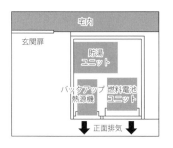

図6.2 集合住宅への家庭用燃料電池設置例

（3）屋上緑化・壁面緑化

緑化面積拡大のため、屋上緑化や壁面緑化が採用されることがある。光合成により CO_2 を取り込み O_2 を出すため、温暖化防止につながり、また日射遮蔽によりエアコン等の消費電力の低減効果もあるが、一方で屋根の積載荷重が増加したり、風の影響や潅水について考慮する必要がある。

図6.3　屋上緑化　壁面緑化

（4）光ダクト

高性能鏡面を使った筒状のダクトで、窓から遠く離れた部屋の奥まで自然光を届けるシステム。電気の助けを借りずに、太陽エネルギーを利用できる。

集合住宅では共用部に光ダクトを垂直に配置し、自然光採光が困難な浴室、洗面、トイレなどに十分な自然光を導入することができる。

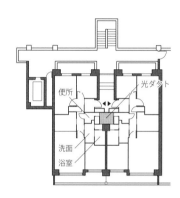

図6.4　光ダクトの設置例

（5）集合住宅用太陽光発電

集合住宅では、戸建て住宅に比べて太陽光発電の導入が進んでいないが、少しずつ導入事例が増えている。

戸建て住宅の場合と同様に、屋上に集合住宅の住戸数分の太陽電池パネルを設置して、各戸に電力を供給する方式のほか、住戸には発電した電力を送らず、蓄電池により電力を貯めておき、共用部の照明などに電力を供給する方式など、多様な工夫が行われている。

図6.5　集合住宅の屋上に設置された太陽光発電

6　集合住宅の省エネルギー・環境技術

7 集合住宅の設備スペース

7.1 専有部の住戸部分の設備スペース

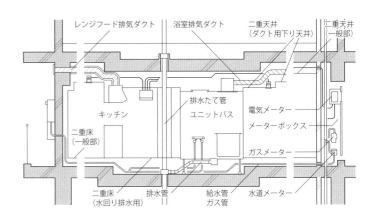

図 7.1 住戸部分の断面図

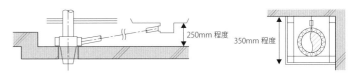

図 7.2 床下排水管の配管スペース　　図 7.3 ダクト下がり天井

　集合住宅における専有部の住戸部分の設備は、すべて建築躯体という「箱」の中に納める（図 7.1）。

　この「箱」の内部の設備や仕上げが「分譲対象」であり、住民が自由に使用したり、改造したりできる部分である。

　床下は給水管、給湯管、ガス管、排水管等の衛生設備の配管類を納めるために二重床とすることが多い。この場合、特に排水管については勾配が必要であり、また配管口径も大きいため、フトコロの大きい二重床とする。通常、排水管を横引きする水回り部分については 250mm 程度のフトコロが必要であり、水回り以外の部分は給水、給湯、ガス管の横引きを考慮し、120mm 程度のフトコロの二重床となる（図 7.2）。

　天井内には換気設備のダクト、換気機器、電気配線等が納められる。特にダクトや換気機器を納めるために必要な天井フトコロスペースは大きく、通常 350 〜 400mm 程度必要となる。電気配線等については 100mm 程度のフトコロを設ける。住宅部分の居室についてはダクトルートのみ部分的な下がり天井を設け（図 7.3）、ダクトルート以外は天井高さをできるだけ高くし、居住性を向上させる。

7.2 基幹設備のスペース

(1) 受水槽ポンプ室

上水を貯水する受水槽、受水槽の水を各所に送水する給水ポンプの設置スペースおよびその維持管理のスペースを設ける。

100戸規模では65㎡程度必要となる。

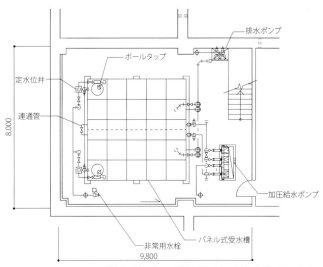

図7.4　地下受水槽ポンプ室

(2) 借室電気室

電力会社に提供する変圧器置場である借室電気室および自家用電気室を設ける。

100戸規模では借室電気室は12㎡程度必要で、自家用電気室は低圧受電で対応できるため不要となる。

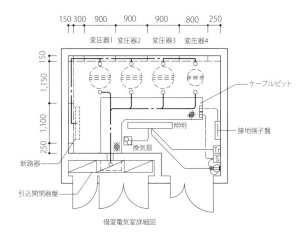

図7.5　借室電気室

(3) 管理室

集合住宅の管理人がいる室で、火災報知機、警報設備等の盤類、ITV（監視カメラ）設備等のモニター類、その他設備機器の操作盤、机、いす、ロッカー、トイレ、ミニキッチン等が設置される。

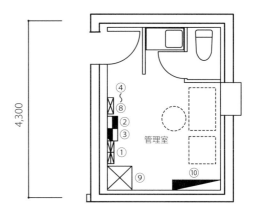

機器レイアウト平面図

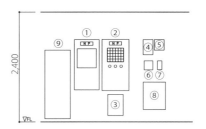

機器レイアウト正面図

管理室内　機器リスト

記号	名　称	参考寸法		
		W(mm)	H(mm)	D(mm)
①	受信機	550	1100	160
②	警報盤	600	1500	250
③	インターホン制御装置	340	460	98
④	非接触キー制御盤	220	330	75
⑤	電気錠操作盤	220	230	63
⑥	管理室親機	196	230	100
⑦	EVインターホン	100	200	100
⑧	機械警備盤	500	600	120
⑨	ITV架	564	1500	601
⑩	分電盤	1200	2000	250

図7.6　管理室

● 写真・図版のクレジット

アズビル金門　　　p.160：図 2.4、図 2.5
荏原製作所　　　p.90：図 3.21、図 3.22
荏原冷熱システム　　　p.84：図 3.8（二重効用吸収冷凍機）、p.85：注 12）
川重冷熱工業　　　p.84：図 3.9
共同カイテック　　　p.111：注 19）
協立エアテック　　　p.92：図 3.26（グリル型）、p.96：図 3.31
空気調和・衛生工学会（『空気調和衛生工学 Vol.85』20112 年 3 月）　　　p.142：図 6.1
空気調和・衛生工学会（『給排水衛生設備計画設計の実務の知識』）　　　p.76：図 2.23
空研工業　　　p.92：図 3.26　（アスモタット）（スロット）
クマヒラ　　　p.120：図 4.18
公共建築協会（『排水再利用・雨水利用システム計画基準・同解説』2005）　　　p.142：図 6.2
ゴール　　　p.193：図 4.18
ジョンソンコントロールズ　　　p.84：図 3.8（スクリュー冷凍機）
新晃工業　　　p.88：図 3.14、図 3.15
西邦工業　　　p.92：図 3.26（ノズル型）
ダイキン　　　p.84：図 3.8（ターボ冷凍機）
大成建設　　　p.148：図 6.15
竹中エンジニアリング　　　p.120：図 4.20、図 4.21
天然ガス導入促進センター　　　p.147：図 6.12
東京ガス　　　p.162：図 2.8
東京電機大学　　　p.150 〜 p.153：掲載写真（中央管理室を除く）
東京都目黒区　　　p.169：図 2.19
東芝キャリア　　　p.84：図 3.10
東邦レオ　　　p.203：図 6.3
都市環境エネルギー協会　　　p.149：図 6.18
TOTO　　　p.65：図 2.7（小便器の断面を除く）、p.66：図 2.8
トヨタホーム　　　p.28：図 3.5
パナソニック　　　p.20：注 5）、p.22：図 2.11、p.41：図 5.7、p.47：図 5.15、p.84：図 3.8（冷温発生機）
　　　p.111：注 18）（金属管）、p.120：図 4.19、p.140：注 22）、図 5.17、p.188：参考、p.202：図 6.2
　　　p.203：図 6.5
富士工業　　　p.173：注 3）
富士通　　　p.120：図 4.17
文化シヤッター　　　p.131：図 5.3、図 5.4
三菱電機　　　p.34：図 4.8、p.35：図 4.9、図 4.10、p.174：図 3.6、図 3.7、図 3.8
未来工業　　　p.111：注 18）（ケーブルラック）
ユニックス　　　p.175：図 3.9、図 3.11
LIXIL　　　p.19：図 2.3、p.21：図 2.10、p.132：図 5.5

●著者紹介

近藤武士（こんどう・たけし）
1969年　静岡県に生まれる。
2000年　東京大学大学院工学系研究科建築学専攻博士後期課程を修了。博士（工学）
現在、日建設計総合研究所
専門：建築設備計画
著者に、『BEMSビル管理システムの計画・設計と運用の知識』（共著）、『エネルギーマネジメントが拓く未来』（共著）など

田中英紀（たなか・ひでき）
1970年　岐阜県に生まれる。
1998年　名古屋大学大学院 工学研究科建築学専攻博士課程を修了。博士（工学）
現在、名古屋大学施設・環境計画推進室
専門：建築環境設備、都市環境設備
著者に、『満点の家をつくりたい 東海編2～住み手がえらんだ建築家67人』（共著）、『都市ガスコージェネレーションの計画・設計と運用』（共著）など

原　英嗣（はら・えいじ）
1975年　東京都に生まれる。
2004年　早稲田大学大学院理工学研究科建設工学専攻博士後期課程を修了。博士（工学）
現在、国士舘大学理工学部理工学科建築学系
専門：都市環境設備、建築環境設備
著者に、『ビル空調のエネルギー・環境・設備のための統計解析』（共著）、『都市・地域エネルギーシステム』（共著）など

関根雅文（せきね・まさふみ）
1968年　埼玉県に生まれる
1991年　早稲田大学理工学部電気工学科を卒業
現在、日建設計設備設計部
専門：電気設備計画
著書に、『昼光照明デザインガイド』（共著）、『建築環境工学用教材 設備編』（共著）など

原　耕一朗（はら・こういちろう）
1967年　大阪府に生まれる
1990年　立命館大学理工学部電気工学科を卒業
現在、日建設計設備設計部
専門　電気設備計画

鈴木利幸（すずき・としゆき）
1966年　愛知県に生まれる。
1990年　明治大学工学部建築学科を卒業
現在、日建ハウジングシステム
専門：給排水衛生・空調換気 計画

中村祐介（なかむら・ゆうすけ）
1978年　神奈川県に生まれる。
2000年　玉川大学工学部機械工学科を卒業
現在、日建ハウジングシステム
専門：給排水衛生・空調換気 計画

森山修治（もりやま・しゅうじ）
1958年　福島県に生まれる。
1985年　東京大学工学系研究科建築学専門課程を修了
2010年　博士（工学）早稲田大学
日建設計を経て、現在、日本大学工学部建築学科
専門：建築防災、建築設備

<執筆分担>

近藤武士：企画、監修
  Ⅲ 事務所ビル 1.1、2.1、2.2、2.3、6-(1)、6-(8)

田中英紀：監修
  Ⅰ 総論 1、2、3
  Ⅱ 戸建て住宅 1.1、2.1、2.2、3.1、3.2、4.1、4.2、4.3、7-(1)〜(8)
  Ⅲ 事務所ビル 6-(9)

原　英嗣：監修
  Ⅲ 事務所ビル 3.1、3.2、3.3、6-(2)、(3)、(4)、(6)、(7)、(10)、(11)

関根雅文：監修
  Ⅲ 事務所ビル 4.1、4.2、4.3、4.4、4.5、4.6、4.7、5.1、5.2、5.3、5.4、5.5、5.6、5.7、6-(5)、7.1、7.2

原耕一朗
  Ⅱ 戸建て住宅 5.1、5.2、6.1、6.2、7-(9)、(10)
  Ⅳ 集合住宅 1.1、4.1、4.2、5.3

鈴木利幸
  Ⅳ 集合住宅 1.1、2.1、2.2、2.3、3.1、3.2、3.3、5.1、5.2、6.1、7.1、7.2

中村祐介
  Ⅳ 集合住宅 2.2、2.3

森山修治
  Ⅲ 事務所ビル 5.1、5.2、5.3、5.4、5.5、5.6、5.7

つながりで学ぶ 建築設備

2018年2月10日 第1版発 行

著　者　　近藤武士・田中英紀
　　　　　原　英嗣・関根雅文
　　　　　原耕一朗・鈴木利幸
　　　　　中村祐介・森山修治

発行者　　下　出　雅　徳

発行所　　株式会社　彰 国 社

　　　　　162-0067 東京都新宿区富久町8-21
　　　　　電話 03-3359-3231（大代表）
　　　　　振替口座　00160-2-173401

著作権者との協定により検印省略

自然科学書協会会員
工学書協会会員

Printed in Japan

Ⓒ近藤武士(代表)　2018年

印刷：三美印刷　製本：中尾製本

ISBN 978-4-395-32102-5　C3052　　http://www.shokokusha.co.jp

本書の内容の一部あるいは全部を、無断で複写（コピー）、複製、および磁気または光記録媒体等への入力を禁止します。許諾については小社あてご照会ください。